ज़िन्दा कहानियाँ-2

एक असमाप्त कथा

ज़िन्दा कहानियाँ-2

एक असमाप्त कथा

शशिकला राय

वाणी प्रकाशन

वाणी प्रकाशन
4695, 21-ए, दरियागंज, नयी दिल्ली 110 002
शाखा
अशोक राजपथ, पटना 800 004
फ़ोन :+91 11 23273167 फ़ैक्स : +91 11 23275710
www.vaniprakashan.in
vaniprakashan@gmail.com

ZINDA KAHANIYAN-2
Ek Asamapta Katha
by Shashikala Rai

ISBN : 978-93-5072-978-6
Collection of Stories

प्रथम संस्करण 2016
मूल्य : ₹495

ओम ऑफ़सेट, दिल्ली-110 093 में मुद्रित

वाणी प्रकाशन का लोगो मक़बूल फ़िदा हुसेन की कूची से

समर्पण

अंकित, प्रियांशु, निखिल के लिए
इस उम्मीद से कि अपने समय, समाज
के लिए कुछ बेहतर करेंगे।

ऋण निर्देश

वाणी प्रकाशन को 'ज़िन्दा कहानियाँ' के आवरण को इतना मर्मबेधी बनाने हेतु आभार। आनन्द प्रकाश दीक्षित, प्रो. रामजी तिवारी, चन्द्रकांत बांदिवडेकर, राजा दीक्षित, प्रो. जया परांजपे, यशवंत सुमंत, उत्तम कांबले, श्रीपाल शबनीस, भगवान गव्हाडे, श्रीकांत मिश्र, श्रद्धा शुक्ला, किशोर रक्ताड़े, निशांत शाह, अशोक अग्रवाल, प्रकाश जी गांधारी, कृष्णा जी, कैलाश जाधव, श्रीकांत अवस्थी, संगीता गाडे सभी को मन से खूब खूब आभार।

जिसे लोग कहते हैं, ज़िन्दगी

जिसे लोग कहते हैं, ज़िन्दगी
वो हादसों का हुजूम था
वो तो मेरा साहिबे कमाल था कि
दरम्यान से निकल गया।

कोई सन्देह नहीं कि मेरी ज़िन्दगी हादसों का ही हुजूम है परन्तु मेरे सारे 'ज़िन्दा कहानियाँ' के पात्र ही मेरे लिए 'साहिबे' बन गये और मैं दरम्यान से निकल गयी। यह है ज़िन्दा कहानियाँ का दूसरा खण्ड। पहला खण्ड अक्षत पर्व की तरह ही रहा मेरे लिए। चोटों से बेअसर। खूब स्नेह देता सा। पुणे आकाशवाणी केन्द्र ने 'ज़िन्दा कहानियाँ' को धारावाहिक बना कर प्रस्तुत किया इसकी प्रस्तुति आकाशवाणी के हिन्दी कार्यक्रम के अधिकारी डॉ. सुनील देवधर जी ने बेहद सशक्त ढंग से की। सप्ताह में दो दिन गुरुवार

और शुक्रवार प्रसारित होता रहा। 'ज़िन्दा कहानियाँ' को सुन कर सेंट्रल बैंक ने सिंधुताई सपकाल को पचास हजार रुपये का अनुदान दिया। यही 'ज़िन्दा कहानियाँ की सबसे बड़ी समीक्षा थी और यही लोकार्पण भी। दिल्ली दूरदर्शन ने 'ज़िन्दा कहानियाँ' के दो पात्र लेकर डॉक्यमुेंटरी फिल्म बनाई मेरा साक्षात्कार लिया लेकिन मुझे यह कहने में कोई संकोच नहीं कि आकाशवाणी की प्रस्तुति के समक्ष दूरदर्शन की प्रस्तुति का कद बहुत बौना लगा। माँ ने पूरी किताब एक बैठक में पढ़ी माँ खाना बनाने के बाद जब चूल्हे की राख ठंडी हो जाती थी तब उसी पर लिखना सीखती थी। उस राख पर उभरे 'क' की शक्ति का अनुमान अब हुआ मुझे। रजनी और भाई राकेश कुमार जी ने बहुत-बहुत बल और स्नेह दिया। जया ज़दवानी का प्रेम मुझे 'ज़िन्दा कहानियाँ' के कारण मिला। आनन्द प्रकाश दीक्षित जी, जया परांजपे, प्रो. राजादीक्षित, गोविन्द मिश्र, प्रमोद कुमार तिवारी, उत्तम कांबले, संजीव, श्रीपाल सबनीस सभी के कहे लिखे बोल मेरे लिए बड़ा अर्थ रखते हैं। बस एक तार टूट गया। मैं नहीं कुछ कह पायी तब भी अब भी नहीं कुछ कह पाऊँगी। राजेन्द्र यादव का इस तरह चुप्प हो जाना कभी न बोलने के लिए अखरेगा सद सदा के लिए। अनामिका जी ने लिखा पढ़ कर लगा, कह भले न पायी हूँ कभी उनसे, पर भीतर कहीं तो आकांक्षा रही होगी एक पंक्ति कभी कह दें मेरे लिए। 'बिन माँगे मोती मिले' वाली कहावत चरितार्थ हुई। 'ज़िन्दा कहानियाँ' के उन सारे चरित्रों के लिए जिन्होंने ज़िन्दगी का कद बहुत बड़ा किया। जो बहुत काम कर रहे है। मेरा परिवार बढ़ता ही जा रहा हे। ज़िन्दगी इस तरह भी आबाद होगी कभी सोचा न था। मुझे लिखना था सुशीला ताई पर जो यवतमाल में मजदूरी करती हैं। सोमवार से शुक्रवार सप्ताह में पाँच दिन सत्तर से डेढ़ सौ रुपये तक की दिहाड़ी मजदूर और इसी में से कुछ हिस्सा

वह समाज सेवा के लिए खर्च करती है। शनिवार, रविवार दो दिन पूर्णतः समाज हित के लिए कार्य करती है। मुझे लिखना था धुलिया की ज्योति के लिए जब वह एच.आई.वी. पॉजटिव हुई तो घरवालों ने उसे उठा कर सड़क पर फेंक दिया और वह भयभीत होने की बजाय 'काल तुझसे है होड़ मेरी' की चुनौती दी और एच.आई.वी बच्चों और स्त्रियों के लिए ही समर्पित हो गयी। एक बड़ी संस्था खड़ी की ज्योति ने। जब मैं ज्योति से मिलने पहुँची तो वह बोल पाने की स्थिति में नहीं थी। उषाताई पर लिखना चाहती थी। 'सुगावा प्रकाशन' जहाँ पुस्तक प्रकाशन समाज सेवा है। अन्तरजातीय विवाह करानेवाला दम्पत्ति पुणे विश्वविद्यालय में स्थित प्रोफेसर आवास को छोड़कर विलास वाघ और उषाताई वाघ झोपड़पट्टी में रहने चले गये। माओ कहते थे कि 'जिनके लिए आप काम करना चाहते हो उनके बीच जाकर रहो।' कथन नही कर्म कठिन है, इस कठिन डगर पर चल कर जख्मों के फूल खिलायें हैं इन्होंने। मैं शीतल पर लिखना चाहती थी। मिली भी तीन दिन साथ में रही भी। पर वह लिखना आधा अधूरा होगा जब शीतल इस स्थिति में आ जायेगी कि सब कुछ खुल कर लिखा जा सके तब जरूर। शीतल के पति सचिन माळी जेल में है। शीतल गर्भवती थी इसीलिए जमानत हो पायी। जिन पाठकों ने 'जय भीम कामरेड' आनन्द पटवर्धन की डॉक्युमेंटरी देखी होगी इन 'कबीर कला मंच' के ओजस्वी कलाकार संस्कृतिकर्मी के गीतों और उनकी तड़पती आवाज से परिचित होंगें। पुणे की सुजाता देशमुख पर भी लिखना था 'सेरोगेट मदर लेकिन सुजाता तो वह भी न हो पायी पर विज्ञान की दुनिया से परे एक मायावी हिंसा की शिकार हुई। कोई मदद न कर सका सुजाता का बच्चा छीन लिया गया। विश्वासघात से मस्तिष्क का सन्तुलन गड़बड़ा गया। सुजाता वर्धा के किसी आश्रम में रही हूँ वह अपनी पीड़ा को बता

पाने में असमर्थ है। मराठी के चर्चित नाटककार विनय आपटे ने इसी सत्य घटना पर नाटक लिखा। जी.डी.पी. सेसेक्स की चिन्ता से दूर आम आदमी वंचितो के हित के लिए भ्रष्टतन्त्र के विरुद्ध अपनी मशाल बुलन्द करने वाली तमाम संस्कृतकर्मी महिलाओं को सलाम इनकी सच्ची दुनिया को सलाम। इनके पारदर्शी काम को सलाम। महाराष्ट्र की भूमि को सलाम। जम्मू की मिट्टी को सलाम जिसने हमें अपने समय का बड़ा मर्मस्पर्शी शिल्पकार (हिमा कौल) दिया। ला रोशे फुको कहते हैं "सत्य से दुनिया का उतना भला नहीं होता जितना छद्‌म सत्य से उसका नुकसान होता है।" सच छद्‌मसत्य बहुत घातक होता है। दुखद यह है कि छद्‌म सत्य का संवाहक बुद्धिजीवी वर्ग भी होता है। ये ज़िन्दा कहानियाँ के सेनानी छद्‌म सत्य का आवरण भेदने में लगे है। सभी की उर्जा को सलाम। 'बारबाला' पर पहले पुस्तक में आ चुका है परन्तु स्वभाव से वह ज़िन्दा कहानियाँ के अनुकूल पड़ती है इसलिए उसने यहाँ शामिल करने का लोभ मे संवरण न कर पायी।

शशिकला राय

अनुक्रम

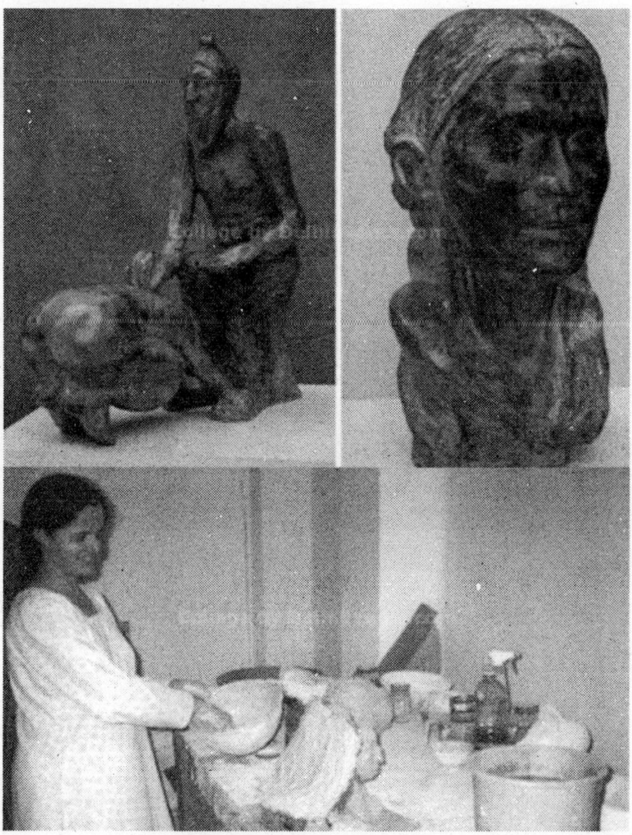

पत्थरों में प्राण फूँकती हुई हिमा

गुस्से और झगड़ने की भंगिमा ज्यों की त्यों मूर्तिकला स्थापित करने वाली हिमा ने मूर्तिकला के सौन्दर्य की नयी परिभाषा रची।

मैं नहीं जानती रोना

अपने अँधेरों का इलाज खुद करो
कोई चिराग़ जलाने इधर न आयेगा।

"मूर्तियाँ बनाता था बस मूर्तियाँ बनाता था। मूर्तियाँ बनाते-बनाते खुद ही मूर्ति हो गया।"

हिमा की माँ यही कहती हैं, समझने की कोशिश करती हूँ, कि उनके चेहरे का भाव पढ़ने की कोशिश करती हूँ। छोटी कद की, गुड़िया सा भ्रम देती अस्सी वर्षीय स्त्री। उनके चेहरे की झुर्रियाँ समय की अनगिनत उतार चढ़ाव की वह लकीरें हैं, जिनमें जीवन संघर्ष की अकथ-कथा है। कश्मीर से विस्थापित चेहरों को देखना दरअसल घुटन पैदा करता है। सौन्दर्य और नज़ाकत से जन्म लेनेवाली गुड़ियों का शवपरिधान बुनने वाले मौत के सौदागरों के दिल भी क्या हमारी तरह ही होते हैं? नहीं कुछ तो अलग किस्म

के होते होंगें। जहाँ मानवता हर वक्त खौफ़जदा होकर पनाह माँगती होगी। यहीं दिल्ली के आर.के. पुरम के सरकारी घर में रहने वाली ये दो स्त्रियाँ हैं। हिमाकौल और उनकी माँ। हिमाकौल चारपाई पर लेटी बेहद-बेहद सुन्दर किन्तु अभिशप्त देह। ऐसे भी किसी को नजर लगती है क्या? पहाड़ों, मैदानों सडकों पर ज़िन्दगी की हर पल चौकड़ी भरती हिरनी जो आस-पास को अपने छूने मात्र से हरा-भरा कर देती हो, पेड़ पौधों में स्पर्श मात्र से संगीत जगा देती हो, जिसकी देह में बस कर ज़िन्दगी हर समय किलकारियाँ मारती है। हर वक्त खिलखिलाहट का झरना बहता है। हिमा दरअसल गायन की ध्रुवपद शैली है। ऋत्विक सान्याल मानते हैं, कि ध्रुवपद पद केवल गायन शैली नहीं अपितु शास्त्रीय संगीत की एक संपूर्ण पध्दति है।" वैसे ही हिमा के जीने का सलीका संपूर्ण जीवन पद्धति है। जिसमें शाश्वत सौन्दर्य का बसेरा है। माटी की महक लिए, माटीगन्ध की अदम्य लालसा लिए; मनुष्यों के साथ-साथ जिसके प्रेम ने कांस्य, माटी पत्थर के भीतर भी तरलता संगीत, प्रेम संवेदना, राग द्वेष को जीवित कर दिया। ज़िन्दगी के हर साधारण जीवन की सामग्री को असाधारण बेचैनी से जोड़ दिया। जिसके हाथों पत्थरों से कश्मीर की केसर की क्यारियों में छिपी मेहनतकश ज़िन्दगियों का संघर्ष बयाँ करवा दिया। हिमा जिसके प्राण उसके हाथों में बसते थे। वही हिमा टूथब्रश तक नहीं कर सकती, हिमा की देह लुंज-पुंज इतनी कि वह करवट तक नहीं ले सकती। 'मोटर न्यूरान'। यही बीमारी है। हिमा को नहीं बीमारी नहीं बल्कि भयानक श्राप है। कमाल ऐसे में भी हिमा की जागती सी आँखें, संगीत से उमगती आँखें, जीवन की अदम्य जीजीविषा समेटे अज्ञेय के 'खितीन बाबू' की याद दिला देती है। हिमा का बचपन जहाँ बीता जिन स्थितियों में बीता उनका मन उससे अलग नहीं हो पाया। बकौल विनोदकुमार श्रीवास्तव "विस्थापन एक निरन्तर बनी रहने वाली पीड़ा है, जो दिन पर दिन पक कर पुख़्ता

होती जाती है और उनकी कलायात्रा के हर मोड़ पर ठहरी दिखाई पड़ती है। मूक वेदना और असहाय स्वीकार्य उनके शिल्पों में गहरी अभिव्यक्ति पाते हैं।" हिमा का शिल्प मनुष्य को सौन्दर्य से अभिभूत नहीं करता बल्कि इस कथन का जो कश्मीर के सौन्दर्य के सन्दर्भ में प्रसिद्ध है अगर कहीं स्वर्ग है तो यहीं है, यहीं है, यही हैं। का प्रतिपक्ष रचता है। चूल्हा फूंकती स्त्री, चूहा खदेड़ती स्त्री, जो चूहे से जूझते-जूझतें स्वयं चूहे की शक्ल अख़्तियार करने लगती, सेब चुराती बच्ची, सब्जी और मछली बेचने वाली औरतें, चूजे को पकड़ने की कोशिश करता विकलांग बच्चा। यह है कश्मीर का असली जीवन जो अपनी अदम्य जीजिविषा के सहारे सर्द से सर्द मौसम में भी अपने को जिलाये रखता है। जीवन की तमाम मखमली अनुभूतियों से अपने को बचाये रखना अपनी अथाह सौन्दर्य राशि को दिल्ली की धुआँ पसीने के गन्ध से सराबोर करना शायद हिमा इसीलिए भी करती रही ताकि उसके भीतर कश्मीर की स्मृति हमेशा जीवित रहे और रही भी। मैं जब हिमा के साथ थी तो उसके मुँह से निकलने वाली ध्वनियों को शब्दों के स्थापत्य में ढालने की कोशिश करती और अपनी मशक्कत से कई बार मायूस हो जाती और हिमा भी खीझ उठती। लेकिन जब अर्थ का सुर सध जाता तो हिमा की आँखों में भाषा नृत्य करने लगती। हिमा के चेहरे पर उठते भावों और मुँह से निकलती गों-गों के आधार पर रोने व हँसने के बीच का फर्क कर पाना मुश्किल लगता है। मैं हिमा के ऑफिस चली जाती हूँ। ऑफिस में उनकी सहेलियाँ आज भी हिमा से पल भर के लिए विलग नहीं हो पायी। मैं हिमा का कपाट देखना चाहती हूँ। बड़ी आत्मीयता से मेरे हथेली पर चाबी धर दी जाती है। कपाट पर एक कोने में लिखा है 'हिमा कौल'! कपाट के अन्दर रखी फाईलों के बीच जिनकी किताबों की धड़कन साफ़-साफ महसूस की जा सकती है वह है जफ़र, हेनरिक, आनन्दवर्धन, एमिल जोला विभूतिभूषण बन्दोपाध्याय।

हिमा कहती है, पढ़ कर सुनाओ मैं उसे 'रोम जल रहा है'। पढ़ कर सुनाती हूँ। दूसरे दिन फिर ऑफिस जाती हूँ। वहाँ अनुराधा और गांधारी से मिलती हूँ। तो पता चलता कि हिमा की मित्रता का सेतु किताबें व संगीत है। हिमा के पास 'मुक्तिबोध' के शब्दों में कहूँ तो संवेनात्मक ज्ञान और ज्ञानात्मक संवेदना है। चीजों को बहुत साफ तरीके से वह देख पाती है। कहीं भी दुविधा नहीं है। हिमा घुमक्कड़ थी। खूब घूमती थी। निरन्तर नई जगहों पर अपने मित्र अशोक के साथ जाती और वहाँ की आबोहवा, मिट्टी, गन्ध, रस, ध्वनि और ज़िन्दगी सबको आत्मसात करती और लौटती तो इन्हीं से अपने शिल्पों का कायिक संसार बनाती। हिमा इसी के माध्यम से ज़िन्दागियों पर छाती धुंधों की चिन्ता भी व्यक्त करती हिमा के शिल्पों में समय बोलता है। हिमा की हर मूर्ति के पीछे एक कथा है और कथा के पीछे एक समाज। हिमा की भावुकता, हिमा की संवेदनशीलता, हिमा की मानवीय प्रतिबध्दता ही उनके शिल्पों की अलग दुनिया रचती है, और उन्हें कलाकारों की पाँत से अलग करती है। स्वयं अलका इब्राहिम जी कहतें हैं कि हिमा के शिल्प किसी सम्भ्रांत ड्राईंग रूम में शेंपेंन पीते हुए मेहमानों को दिखाये जाने वाले शिल्प नहीं हैं। वे उनकी अंतःकरण की आवाज उनके हृदय की कंपन और आत्मा के गौरवपूर्ण समर्पण को सम्प्रेषित करते हैं।" हिमा प्रकृति के साथ प्रकृति का हिस्सा हो जाना जानती थी। ज़िन्दगी का जो अद्‌भुत तार उन्होंने कस रखा था वह थी सहजता। वह इतनी कि उनकी मौजूदगी से कहीं कुछ खटक न जायें। जो जैसा वैसा ही बना रहे। हिमा पहाड़ी झरना थी जो उद्‌दाम वेग से अपना सब कुछ दे देने को आतुर थी। सचमुच उन्होंने केवल देना सीखा। शिशिर मौसम के उस वृक्ष की तरह जिसने सारे फूल फल पत्ते धरती को सौंप दिये और खाली खड़ा हो गया लेकिन वह ठूँठ नहीं कहा जा सकता। वह रास्ते चलते लोगों से सहज नाता बना लेती। विनोद जी ने हिमा

के इसी व्यवहार को पारिभाषित करने वाली एक पारदर्शी कविता रची जिसके कुछ अंश यूँ हैं—

मुझे नही आता आंगन में उतरना
जहाँ मुझे देखते ही
बच्चे बन्द न कर दे खेलना
बल्कि खेलते हुए
शुरू हो जाय
उनका खिलखिलाना भी
मुझे सीखना है
आना बगीचों में कुछ इस तरह
कि भाग न जायें उड़ती हुई तितलियाँ
फूलों से रस लेती मधुमक्खियाँ
गिलहरी भी घूमती रहे
वहीं कहीं
मुझसे बेखबर नहीं
मेरे होने के बावजूद

भाई की असमय मृत्यु ने भी हिमा भीतर तक झकझोर दिया। स्वार्थ के इस संसार में यूँ थपेड़े झेलते हुए बना रहना पूरी और तरह ईमानदार बने रहना दर असल हिमा के भीतर मौजूद क़बीर तत्व का बोध कराता है। 'हमन इश्क मस्ताना, हमन को होशियारी क्या'? इसलिए हिमा जहाँ-जहाँ से गुजरती सभी का भावात्मक संबल बन जाती। गुड्डी। हाँ! यही तो कहते थे उन्हें लोग। गुड्डी की सेहत जवाब दे गयी। हाथ पैर काम नहीं करते, बोली बानी ने दगा दे दिया लेकिन स्मृति वैसी ही साफ और पैनी है एक कलाकार आत्मा की जीवनदायी प्राणवायु उसकी उत्कृट आन्तरिक प्रेरणा ने हिमा की आँखों को वैसे ही सतेज बनाये रखा है। बल्कि जो हिमा की स्मृतियों मे ताजा है उसे वह भूलना भी नहीं चाहती। हिमा की तमाम यात्राओं के साक्षी अशोक जी स्मृतियों को सहजने

में अकथनीय पीड़ा का अनुभव करते हैं। उनके होंठ लरज कर चुप हो जाते हैं। हिमा से मिलने के लिए वे घंटों त्रिवेणी संगम में बाहर बैठते और हिमा भीतर बैठी पत्थरों लकड़ियों कांस्य में कोई कहानी जीवित कर रही होती इतिहास परम्परा से संपृक्त जीवन का खुरदारापन आकार ले रहा होता था। अशोक जी के शिकायती स्वर का एक सधा सा उत्तर उतनी ही तेजी से उन तक पहुँचता वे निरूत्तर हो जाते 'तुम बाहर बैठे हो बस यही अहसास तो मुझे पत्थरों के भीतर तक ले जाता है जहाँ मैं शैल का आवरण भेद कर भीतर की आर्द्रता छू पाती हूँ' और एक गुलाबी हँसी जिससे थोड़ा रंग दिल्ली की सर्दी भी चुरा ले जाती। ओफ! जो हाथ मोटे-मोटे लकड़ियाँ काटते थे वे हाथ पेन भी नहीं उठा पाते अब। जिसकी गति लोगों का दुख हर लेती वही गतिहीन होकर बैठी है। हिमा की पीड़ा तक पहुँचना भी एक पीड़ा है पर हिमा अपने दुख के लिए दुखी होने का अवसर भी नहीं देती। जहाँ सहानुभूति हासिल करने के लिए अपनों की मृत्यु भी भुनाने से बाज नहीं आते लोग, वहाँ हिमा के साथ आप केवल हँस सकते हैं हिमा के चेहरे पर इतना गजब का आत्मविश्वास है कि उसे बेचारी कहने के लिए आप सारी दुनिया से भी ताकत नहीं हासिल कर सकते! यह ठीक है कि कुदरत ने उसे भंजित मूर्ति सा करने का प्रयास किया है, प्रयास इन अर्थों में कुदरत भी सफल नहीं हो पाई पूरी तरह अपनी सम्पूर्ण निष्ठुरता के बावजूद। इसीलिए भंजित मूर्ति सा अवसाद हिमा में नहीं है बल्कि जीवन में सब कुछ पा लेने व कुछ न खोने का उल्लास है। हिमा की आँखें ही तमाम हतबल लोगों में जीवन बल भर सकती है। चेहरे का आनन्द कैलाश मानसरोवर के आनद अखण्ड घना था' की याद दिला देता है। हिमा की हँसी जीवनदायिनी है। हिमा बहन क्षमा एवं जीजा अग्निशेखर के पास जम्मू चली गयी है। हिमा के शिल्प रूपी संतानें यहीं दिल्ली में है जो लवकुश की तरह उनकी सशक्त लेकिन करूण गाथा गायेगीं

और उन्हें आने वाले कल तक ले जायेंगी।

हिमा के शिल्पों में आम महुआ नीम, सागौन के गन्ध एक साथ बिखरेते हैं। हिमा के शिल्पों में मेहनतकशों के पसीनों की गन्ध महसूस की जा सकती है। हिमा के शिल्प में खूँटे से बँधी गाय में तब्दील होती स्त्री की बेबसी छटपटाहट मौजूद है। कहीं बछड़ा जनती गाय जिनकी पीठ पर बैठा कौआ गाय की खेड़ी में चोंच गड़ाए है जूते गाँठता मोची है। भारी-भरकम थामे, स्कूल जाती बच्ची। दो बच्चों की ऊँगलियाँ थामे, सिर पर लकड़ी का गठ्ठर उठाए रास्ता पार कर रही स्त्री के जमीन पर पड़े कदम उसकी दृढ़ता का अहसास कराते हैं जो लोग अपने ख्वाबगाहों ने शिल्पों के सौन्दर्य से सजाना चाहते है हिमा के शिल्प उनके लिए नहीं है। हिमा के शिल्प परिवार से शुरू होकर समाज की ओर उन्मुख होते हैं। उन्होंने अपना दाय दिया। मगर यूँ एक कलाकार के हाथों का खामोश हो जाना। समकालीन कलाजगत की अपार क्षति ही है। उपेक्षित होती जा रही मूर्ति कला को उनके हाथों की जरूरत थी। लेकिन ऐसी कोई छटपटाहट कशमकश उनके चेहरे पर दिखाई नहीं देती बल्कि वहाँ अद्‌भुत शांति है। बुद्ध के करूणा से उपजा स्मितहास्य और शान्ति और प्रसन्नता। क्या हिमा लौटेगी? फिर से शिल्पों की दुनिया में अपनी प्रतीक्षारत संतानों के पास। क्या घाटियाँ, वादियाँ झरने उनके स्पर्श का जादू पुनः महसूस कर पायेगें। विस्थापन का कहर, जवान बेटे की मौत, पति का निधन, सामने बिस्तर पर विलक्षण शिल्पकार बेटी की निर्जीव देह इन सबके बाद भी ईश्वर की मूर्तियों के समक्ष घंटो धूनी रमाने वाली हृदय के घावों से जर्जर माँ की आस्था क्या फलेगी? तमाम प्रश्न अबूझ से हैं विज्ञान और कुदरत दोनों के गर्भ में शायद इसका उत्तर हो परन्तु मेरे मन का विश्वास पुनः डिग गया। अगर ईश्वर है तो पत्थरों को चलना सिखाने का हुनर जानने वाली को यूँ स्थिर न कर देता? मैं कई दिन त्रिवेणी कला संगम स्टुडियों में जाकर

बैठती हूँ। मिट्टी को धीरे-धीरे साँस लेते और आकार ग्रहण करते, कभी बच्चे कभी युवती कभी मजदूर की शक्ल अख्तियार करते हुए देखती हुई अलौकिक अनुभव से गुजरती हूँ। खामोश होकर इन तमाम मूर्तिकारों में ढूँढ़ती हूँ उसी को जिसकी देह आर.के. पुरम के कमरे की चारपाई पर छोड़ आयी हूँ। माटी, पत्थर, कांस्य, टैरिकोटाये सारे हिमा के मित्र यहीं है प्रतीक्षारत। सोचती हूँ हिमा को दो चार सुना दूँ "क्यों गढ़ी तुमने सृजनगर्भ पर चोंच मारते कौओे की मूर्ति।" जब तुम्हारा बनाया शिल्प इतना यथार्थ, इतना सदेह, इतना सजीव इतना संवेदनशील हो उठता है, तो यह शिल्प भी उतना ही सच हो गया है बाहर भी तुम्हारे भीतर भी। अशोक जी और प्रकाश जी के साथ भरे मन से चाय पीती हूँ। घर लौट आती हूँ। हिमा के पास बैठती हूँ पूना लौटना है। संक्षिप्त सूचना। क्षण भर के लिए हिमा की उदास आँखे दिल में उतर जाती हैं। मैं फिर एक बार सगेपन में डूब जाती हूँ। जिस तरह राग और स्वर का प्रभाव व्यक्ति पर बिना जाति, बिना संस्कार, बिना धर्म, बिना देश पड़ता है वैसे ही 'विलक्षण प्रतिभा' का मुझ पर पड़ता है। यही स्वभाव मुझे मौत देता है और मौत से खींच भी लाता है। आँखें भर आती हैं। हिमा के गले लगती हूँ। कृष्ण बिहारी नूर के शेर में हिमा के अक्स की झिलमिलाहट पाती हूँ

यूँ तो दरिया में होते हैं कतरे ही कतरे सब
कतरा वही है, जिसमें समन्दर दिखाई दे।

मैं भी तुम्हारी तरह जीने का हुनर सीखना चाहती हूँ हिमा। अदम्य साहस समेटे ज़िन्दगी की इस उर्जा को अपार जनसमूह का वंदन। सुभद्रा जी की निम्न पंक्तियों का कायिक रूप है, हिमा जी की ज़िन्दगी।

मैं तो बस हँसना सीखा है,
मैं नहीं जानती रोना!

रजनी लिमये
"तमसो मा ज्योतिर्गमय"
माँ हजारों बच्चों के दिमागी अँधेरे को चीरने वाली

दर्द आयेगा दबे पाँव लिए सुर्ख चराग़

यह ज़िन्दा कहानी है...
"उन दुखी माँओं के नाम
रात में जिनके बच्चे बिलखते हैं, और
नींद की मार खाए हुए बाजुओं से
सँभलते नहीं, दुख बताते नहीं
मिन्नतों ज़रियों से सँभलते नहीं..."

फ़ैज की यह पंक्तियाँ बहुध्वन्यात्मक हैं। मुझ तक यह पंक्तियाँ कुछ अलग ही अर्थ लाती है, साथ ही आँसुओं सराबोर माँओं की पांत भी लाती है। यह उन बच्चों की माएँ हैं, जिन्हें संसार 'मंदबुद्धि बालक अथवा बालिका के नाम से जानता है। हर माँ आँचल फैला कर ईश्वर से प्रार्थना करती है, उसका बच्चा दुनिया का सबसे होनहार बच्चा हो। परन्तु सभी प्रार्थनाएँ असर कहाँ

करती हैं? बेअसर प्रार्थनाओं की खरोंच लिए माँ उम्र भर का ग़म पा जाती है, जब उसे पता चलता है कि बढ़ती देह के साथ उसके बच्चे का दिमाग नहीं बढ़ेगा यहीं थम जायेगा। दर्द से, प्यार से, कभी रोती, कभी हँसती माँ उसे पालती जाती है। पालती जाती है। कभी रिश्तेदारों से छिपाती, समाज से छिपाती बच्चों में, बड़ों में, अपने बच्चे को मनोरजंन का साधन बनते देख आँसू छिपाने का असफल प्रयत्न करती माँ पालती जाती है। पालती जाती है। साँस की आखिरी डोर टूटने तक। दुनिया छोड़ते समय भी यह चिन्ता नहीं छोड़ पाती कि उसके बाद उसकी संतान का क्या होगा? यह कहानी है, एक ऐसी ही माँ की जिसकी ज़िदगी में दर्द दबे पाँव आया और हजारों के दर्द की दवा बन गया। 'प्रबोधिनी ट्रस्ट' (नाशिक) की अध्यक्ष रजनी लिमये। पचहत्तर वर्षीय अखंड जोत सतत प्रकाश बिखेरती स्वयं व जलती। गौरवर्णीय, दुबली देह ऊँचा कद, प्रशस्त मस्तक। दूधिया निश्च्छल हँसी। जो कुछ उन्होंने किया समाज हित वह समाज पर ऋण है। परन्तु यह भी ध्रुवसत्य है कि, यदि उनके जीवन में उनके दुख न आता तो वह समाज के लिए इतना बड़ा काम न कर पाती। रवीन्द्रनाथ टैगोर जी कहते हैं—"दुख ही जगत के पदार्थों का मूल्य है, जो कुछ आदमी ने रचा है दुख की सहायता से रचा है।" अपने वज्राघात से, ताप से जिस समाज को रचा है, रजनी जी ने वहाँ हजारों की मासूम और आत्मनिर्भर मुस्कान ही रजनी जी का विजय पताका है।

रजनी जी जब माँ बनी तो घर खुशियों से भर उठा। खूब स्वस्थ, सुन्दर, लुटुरी अलकों वाला बालक धीरे-धीरे दो साल का हो गया। घर में चलता तो छुन-छुन की आवाज से घर वाले निहाल हो उठते "ठुमक चलत रामचन्द्र बाजत पैजनिया।" परन्तु यह खुशी बहुत अल्पकालिक ठहरी। समय कुछ क्रूर हो चला था—दो वर्षीय गौतम तीव्र ज्वर के चपेट में आ गया। ज्वर तो चला

गया परन्तु गौतम को हायपर एक्टिव कर गया। माँ डॉक्टर पर डॉक्टर बदलती रही। कोई दवा कारगर नहीं हुई। बच्चा असमान्य हो गया। माँ का मन इस बात को नहीं मानता। गौतम पाँच वर्ष का हो गया। मुम्बई के डॉक्टर ने कहा "आप इस बात को स्वीकार कर लें आप का बच्चा मंदबुद्धि है, देखिये आप शिक्षिका हैं, नाशिक में जाकर अपने बच्चे की तरह के बच्चों को ढूँढे और उनके लिए पाठशाला खोलें।" माँ यह सुनकर स्तब्ध हो गयी। महसूस हुआ बिना धरती के खड़ी है। निराधार थर्राती हुई। आँखों से आँसू बहे जा रहे हैं और इन मोटी-मोटी धारों के साथ सपने भी। 'मैं अपने बच्चे को खूब पढ़ाऊँगी। विदेश जायेगा एक दिन मुझे भी बुलायेगा'। यह क्या कह दिया न्यूरो सर्जन डॉ. गिंडे ने। चारों तरफ गहन घुप्प अँधेरा जो केवल रजनी को दिखाई दे रहा था। आत्मा रोशनी की एक फाँक के लिए तड़पने लगी। आँसुओं का सैलाब थम गया था। मन ने जीवन में आये इस क्रूर अँधेरे के विरूद्ध संकल्प लिया। मन ने कर लिया गौतम की अपाहिजी का स्वीकार। 'अब गौतम को दूँगी अधिक से अधिक प्यार और करूँगी अच्छे से अच्छे कामों की ओर उसे प्रेरित करूँगी'। लगभग चालीस साल पहले नाशिक में मंदबुद्धि बालकों की पाठशाला की स्थापना वह भी खाली हाथ केवल खयालों को लेकर अँधेरे में तीर चलाने जैसा था। रजनी स्कूल की ड्यूटी निभाती फिर ख्यालों की दुनिया में हाथ पैर मारती। लोगों से मिलती मंदबुद्धि बच्चों की पाठशाला पर चर्चा करती। दुनिया अच्छे लोगों से कभी खाली नहीं रही। डॉ. मनोचिकित्सिक समाजसेवी अनेक लोगों से संबल मिला। 'लोग मिलते गये कारवाँ बनता गया'। आत्मा के कल्पतरु पर आकांक्षा के फूल खिलने लगे।

रजनी जी पर जिस मौसम में मै लिख रही हूँ। उस मौसम की अपनी आभा है। कच्चे नींबू, कच्चे आमों के वृक्षों की पत्तियाँ

इतनी रसीली हो उठी है कि पत्ता मसल कर हथेली पर रखते ही पूरा वजूद गमक उठता है। मैं सोचती हूँ, अच्छाई भी कुछ इसी तरह की ही होती है। अपना सौंदर्य अपना भलापन समूचेपन के साथ आस-पास संक्रमित कर देती है। पूरा वातावरण गमक उठता है। आम की पत्तियाँ आम हो गयी। नींबू की पत्तियाँ नींबू हो गयी पर रजनी का दर्द औरों का दर्द नहीं बल्कि दवा बन गया।

1 जनवरी 1977 में अत्यल्प साधनों के साथ के छोटे से कमरे में मंदबुद्धि बच्चों की पाठशाला की स्थापना की गयी। यह उपलब्धि नहीं थी भगीरथ प्रयास का आरम्भ था। विद्यार्थी था मात्र एक 'गौतम लिमये' अर्थात रजनी जी का अपना बेटा। रजनी जी दरवाजे-दरवाजे मंदबुद्धि बच्चों की तलाश में भटकने लगी कोई भी सच बचाने को तैयार नहीं—"हमारे घर में ऐसा कोई नहीं है।" "हमारा बच्चा थोडा एबनॉर्मल है पर मंदबुद्धि नहीं।" "आपका खुद का बच्चा मंदबुद्धि है तो हमारे बच्चे को भी मंदबुद्धि का सिद्ध करना चाहती हो।" "अच्छा अपना बच्चा पागल है तो पागलों की पाठशाला ही खोल दोगी।" फिर मर्मांतक पीड़ा पहुँचाने वाली हँसी। दरवाजा मुँह पर बन्द धड़ाम। ऐसे बोल कुबोल सुनते, माथे से पसीना पोंछती दरवाजे दरवाजे घूमती रजनी जी का मन दुखों की गहरी खाई में गोते लगाने लगता। क्या होगा? कम से कम बीस बालकों की संख्या हो तो पाठशाला को मान्यता मिले। ऐसे में ही रजनी जी की मित्र ने कहा ऐसी पाठशाला चलाने से पहले स्वयं विशेष प्रशिक्षण लो। रजनी को बात भा गयी नौकरी से एक साल की छुट्टी लेकर इस जुनून के लिए 'कामायनी' नामक संस्था (पूना) से प्रशिक्षण लिया। धीरे-धीरे पाँच वर्ष हो चले थे सन् 1982 में पाठशाला को मान्यता मिली। रजनी जी ने अपनी पाठशाला में मिन्नत कर सुबह का सत्र लिया। सात से साढ़े बारह तक पढ़ाना और एक से साढ़े पाँच तक विशेष पाठशाला हेतु काम।

कड़ी दिनचर्या लक्ष्य को ध्यान में रखकर सहजता से चलने लगी। बच्चों की संख्या बढ़ कर पचास तक जा पहुँची। जिस दिन इस विशेष पाठशाला को पहला अनुदान मिला उस दिन भगवंतराव होटल में सभी स्टाफ के साथ 'मिसळ पाव' (विशेष महाराष्ट्रीयन खाद्‌य) की पार्टी मनाई रजनी जी ने। काम की व्यापकता और स्वरूप देख कर अनेक समाजसेवी मन जुड़ने लगे फलस्वरूप सही जगह मिली, सही इमारत बनी और संस्था, को एकदम से समृद्ध करने वाला अनुदान भी। खानदेश मूल के कॅनडा में रहने वाले डॉ. जगन्नाथ वाणी ने ऐसी पाठशालाओं को अनुदान मिल सके ऐसा प्रोजेक्ट तैयार किया। पैंतीस लाख रुपये का अनुदान मिला। रजनी जी सारी रात बैठ कर पैंतीस के आगे कितने और शून्य? सोचती रहीं। इन विशेष विद्यार्थियों की जरूरत की हर सामान 'प्रबोधनी विद्या मन्दिर' में मौजूद थी। इधर गौतम धीरे-धीरे अठारह का हो गया था। ऐसे बच्चों को नॉर्मल तो नहीं किया जा सकता परन्तु उन्हें उचित प्रशिक्षण देकर आत्मनिर्भर बनाया जा सकता है। रजनी गौतम को सायकल चलाना सिखाने की कोशिश करती लोगों की उपहास की पात्र बनती। पीछे-पीछे दौड़ती सायकल के गौतम सायकल चलाने लगा। गौतम खुद अपनी दाढ़ी बनाने लगा। गौतम बहुत अच्छी तरह नहाने लगा। रजनी चलती फिरती मशीन हो गयी थी। फर्क इतना ही था कि इस मशीन का हर कल पुर्जा संवेदना संवेदना और केवल संवेदना से बना था। अपनी नौकरी, विशेष स्कूल की देख-रेख उनके लक्ष्य ने उनका संसार बृहद कर दिया था, जों कि निजी रिश्ते से ही शुरू हुआ था परन्तु रिश्तेदारों की दृष्टि में रजनी जी गुनाहगार थी। रजनी जी वी.आर.एस. ले चुकी थी। इधर गौतम की चिन्ता से ग्रस्त उसके पिता डिप्रेशन के शिकार होने लगे और उनका आग्रह बढ़ने लगा कि रजनी जी घर पर ही रहें। रिश्तेदारों के भीतर भी एक तीखापन फैलने लगा

कि यह दिन भर बाहर रहती है, पति और बच्चों की उपेक्षा करती है। इसे घर में रह कर पति और बच्चे का ख्याल रखना चाहिए। रजनी जी का साधना पथ अंगारों से पटा पड़ा था। अमूर्त तनावों के माहौल ने मन को विक्षुब्ध कर दिया। रजनी की तकलीफ फूट पड़ी गर्भाशय के कैंसर के रूप में। घर ही बैठ गयी वह, पर तीमारीदारी करने के लिए नहीं बल्कि स्वयं मरीज बन कर। एक परिवार, जहाँ अवसाद ग्रस्त पुरूष, मंदबुद्धि तरूण, कैंसरग्रस्त स्त्री। तीन सजीव चरित्र किसी कहानी में कैसे मूर्त हो सकते हैं? और कितने यथार्थ लग सकते हैं? कैसे उनकी दिनचर्या को कोई अभिव्यक्त कर सकता है? अपने प्रत्येक क्षण में बदहवास एक घर। घर जो स्वयं अधैर्यवान हो उठा। जिसकी दीवारें पसीजने लगी थी। खण्डित अनुभवों की कहानी बता सकने के लिए 'जुबां' ही नहीं थी। ऐसे में प्रबोधनी ट्रस्ट में परेशानी का मुद्दा था कि, रजनी तो बीमार है। फिर प्रबोधनी का प्रमुख कौन बनेगा? अब रजनी तो आने से रही। आपस में मारा-मारी कि प्रमुख हम बनेगें। हम बनेगें परन्तु रजनी की जिद्द का भी जवाब नहीं किमियोथेरेपी से गंजे सिर पर विग धारण करके बहुतों को निराश करते हुए जिद्दी स्त्री काम पर हाज़िर। हॉस्टल बनाना है। इसी दौरान डॉ. वाणी के सौजन्य से इग्लैंड, अमेरिका, कैनडा, सिंगापुर का दौरा निश्चित हुआ। रजनी जी हँसती है। 'मैंने ख्वाब देखा था। गौतम विदेश जायेगा और एक दिन मुझे भी विदेश दिखायेगा। सच मुझे तो गौतम ने ही विदेश भेजा।' वहाँ जाकर रजनी जी ने हॉस्टल की संरचना देखी। चालीस दिन का दौरा करके वापिस भारत आयी। 'विशेष बच्चों की' 'विशेष हॉस्टल' स्थापना का संकल्प लेकर। हॉस्टल की स्थापना हुई। हॉस्टल में रहना सुविधाजनक है न, यह परखने के लिए रजनी जी स्वयं हॉस्टल चली गयी रहने के लिए। गौतम और पति के साथ। रजनी जी गौतम व पति के रहने और

खाने का पैसा चुकाती थी फिर भी अखबार ने जो कुछ छापा वह सुखद न था "लिमये बाईनी मतिमंद मुलासाठी पंचताराकिंत हॉस्टल काढले आहे। मतिमंद मुलाना फोमच्या गाद्या आणि पलंग हवेत कशाला? आणि त्या आपल्या कुटुंबाला घेऊन तिथे राहिल्या आहेत म्हणजे विनाखर्चाची आयती सोय झाली।" (लिमये बाई ने फाईवस्टार हॉस्टल बनाया मंदबुद्धि बच्चों को पलंग गद्दे बनवाने क्या जरूरत थी? खुद अपने परिवार के साथ यही आकर रहने लगी परिवार की गाड़ी मुफ्त में चल निकली) पच्चीस वर्ष से साथ रहने वाले, काम करने वाले साथी भी रजनी का विरोध करने लगे। उन्हें लगा समाज में रजनी को पहचान नाम महत्त्व और सम्मान कुछ अधिक ही मिलने लगा है। रजनी सहज ही इर्ष्या का भाजन बन गयी रजनी के लिए यह बहुत कठिन समय था एक तरफ मध्यवर्गीय मिडिल स्कूल की मास्टरनी, दूसरी तरफ प्रतिष्ठित धनी लोग। रजनी जी की सहेली ने समझाया क्यों सह रही है यह सब? गाली अपमान से अच्छा है फेंक दे राजीनामा उन लोगों के मुँह पर। रजनी सोचती मैंने सम्मान थोड़े ही माँगा था? अनेक पुरस्कार मिले परन्तु सभी पुरस्कारों की राशि संस्था को ही दे दी। रजनी जी का मन दिनों-दिन व्यथित होता जा रहा था तब तक अपमान एक और तीव्र लहर ने रजनी के पैर जमीन से उखाड़ दिये। एक पत्र 'समाज कल्याण विभाग' को भेजा गया 'रजनीबाई लिमये' ने विदेश से मिले अनुदान का हिसाब सही रखा नहीं इसकी इनक्वॉयरी की जाय। अधिकारी की सेक्रेटरी ने उनसे कहा 'साहेब रजनीबाई आज भी सायकल से स्कूल आती है। बाग से एक फूल तोडा तो चार आने देती है। सिगड़ी पर खाना बनाती है। घर में दो चार टीन के डिब्बे हैं। पैसा खाने की चालाकी उनके पास नही है। खैर इनक्वॉयरी कमेटी नहीं बैठी। परन्तु माँ का हृदय इस अपमान से दग्ध हो उठा था। क्यों करूँ

मैं यहाँ काम? जहाँ ईमानदारी ही अवगुण हो। नहीं चाहिए। परन्तु ऐसे में ही एक दिन 'तरूण भारत' के वृद्ध सम्पादक आये उन्होंने कहा "लिमये बाई जब पेड़ पर पत्थर बरसने लगे तो समझो पेड़ फलदार हो गया। इसका मतलब यह तो नहीं कि जिसने पेड़ लगाया वह उसे सहेजना छोड दे"। उनका यह कहना रजनी जी का मन्त्र बना उम्र के पचहत्तरवें में भी बिना थके, बिना रूके, अपनी राहों पर अग्रसर हैं वे।

रजनी जानती हैं, अपंग बच्चा केवल माँ का होता है। उसकी हर करनी अकरनी की जिम्मेदार माँ को ही ठहराया जाता है। बदकिस्मती की अजीब दास्तां बच्चे के जन्म के साथ शुरू हो जाती है। रजनी जी को संस्था न केवल बच्चों में आत्मबल भरती है, बल्कि उनके परिवार वालों की भी का काऊंसिलिंग करती है, ताकि इन बच्चों को अतिसंरक्षण या उपेक्षा दोनों से बचाया जा सके। और परिवार इन पर होने वाले खर्च को गिनते रहने की क्रूरता ना करे। उनकी संस्था समाज में भी यह चेतना फैलाती है। या यूँ कहूँ कि शिव का तीसरा नेत्र खुला रखती है कि अपराधी वर्ग इन बच्चों से गलत काम न करवा सके। युवा बालक-बालिकाओं का को अपनी वासनाओं का शिकार बनाने में हिचकिचाते। रजनी लिमये स्वयं क्रूरता ईष्या की शिकार होती, जलती-बुझती, काँटो में खिलती गयी। एक ज़िद्द हजार हाथ अबूझ ज़िन्दगियों के अँधेरों को चीरती हुई। परिणाम यह हुआ कि गौतम और उसके साथ कई बच्चे कंपनियों में लग गये। 'रामदेव मसाले' के अलावा और भी लोग पैकिंग का काम देने लगे थे। ये बच्चे पाँच से छह हजार रुपये माहवार वेतन पाने लगे।

रजनी जी ने जीवन में क्या कुछ नहीं देखा सब घटनाएँ बीत गयी। समय बह गया। बहुत से शब्द हैं उनके जीवन के जो अनकहे रह गये। दूसरों तक पहुँच पाने का सामर्थ्य उनके पास

नहीं था। गौतम पुल बना। दुखों का पुल जिससे गुजरती हुई रजनी इस आत्मकेन्द्रित समय में भी समाज हित का विराट लक्ष्य लेकर आगे बढ़ी। आज के तकनीकी समय में, सामूहिक अनुभव जब असम्भव हो गया है तब वह समान दुखधर्मा के सामूहिक अनुभव से विशिष्ट कार्य को अंजाम दे रही है। दुख की धारा से उपजी जीवन की अदम्य साहसी धारा ने अज्ञेय की कविता को चरितार्थ किया

"दुख सबको माँजता है"
और
चाहे सबको मुक्ति देना वह न जाने किन्तु
जिनको माँजता है,
उन्हें यह सीख देता है कि सबको मुक्त रखें...

रजनी जी की उर्जा जोत अखंड जलती रहे हजारों लाखों अबोध निष्पाप मंदबुद्धि वालों में रोशनी भरती रहे। दया और दुआ से उन्हें बचाती और आत्मनिर्भर बनाती रहे। ऐसी माँ 'विश्व माँ' को सलाम। राष्ट्रपति पुरस्कार, दलित मित्र पुरस्कार, आदर्श माता पुरस्कार जैसे अनेक पुरस्कारों से सम्मानित रजनी को देखकर 'आनन जात अँधेरो भयो'। सीता के सन्दर्भ कही गयी इन पंक्तियों का मर्म रजनी जी के जीवन को देख कर खुलने लगता है। पृथ्वी की अतल गहराइयों में सीता का चेहरा समाते ही संसार में अँधेरा छा गया। क्योंकि यह चेहरा जगत माँ का था। रजनी का चेहरा जगत माँ का चेहरा है।

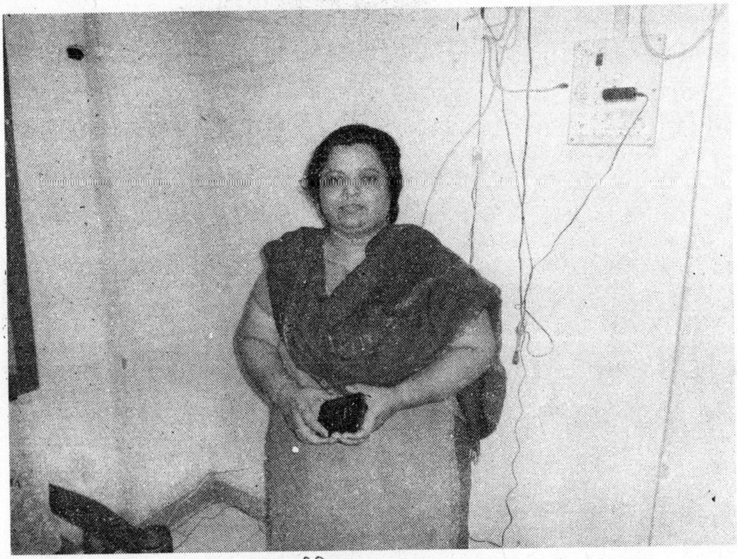

नीलिमा

एक पत्थर तो तबियत
से उछालो यारों

बहादरपुर, एक गाँव की आर्थिक संरचना की बुनियाद

गुदड़ी अंतर्राष्ट्रीय बाजार में

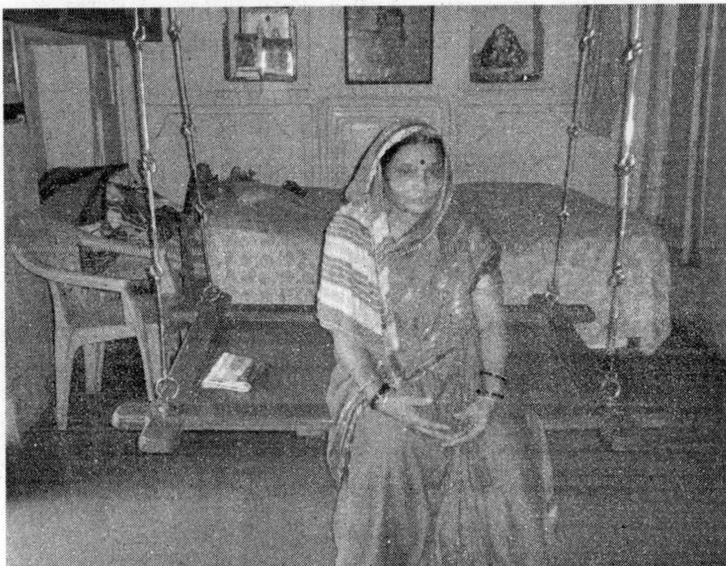

माँ अन्नपूर्णा। उ.प्र.
महाराष्ट्र की सांस्कृतिक संधिस्थल

आकाश के समानांतर हथेली

"मानवता के घनत्व को कुछ इस तरह भी समझा जा सकता है कि 'भावना' यदि उसका आयतन है, तो बुद्धिमता उसका वज़न-उसका सारतत्व।"

--कुँवरनारायण

उन्हें देख कर जानकर मैंने उपर्युक्त पंक्तियों में ही उन्हें समझा। मैग्सेसे पुरस्कार के गौरव से नत माथा, सल्लज मुस्कान असीम शांति से परिपूर्ण। जैसे इस संघर्षमयी दुनिया का वह हिस्सा ही नहीं हैं। नाम है—नीलिमा मिश्र। उम्र उनतालीस वर्ष। पद्मश्री और मैग्सेसे से सम्मानित युवाओं की आदर्श किसानों के आत्महत्या के बरक्स जीवनदायिनी दिशाओं का सूत्रपात करने वाली। साहूकारों से किसानों की खेती छुड़ाना, खेती को साथ साथ ही महिलाओं की कला को प्रोत्साहन देकर आर्थिक नींव की बुनियाद डालना।

गुदड़ी जैसी वस्तु को विश्व के सात देशों तक पहुँचाना। भारत की गुदड़ी प्रत्येक वर्ष एक नये देश का सफर तय कर रही है। 'बहादरपुर' गाँव सहित चार जनपद के गाँवों में आर्थिक क्रान्ति कर शोषितों पीड़ितों के जीवन को नीलिमा जी ने उम्मीद और रोशनी से भर दिया। 'बहादरपुर' गाँव अर्थात भारतीय मानचित्र पर उभरता भ्रष्टाचार मुक्त, स्वावलम्बी, आर्थिक विकास का मानदंड।

'बहादरपुर' जलगाँव और धुलिया के मध्य बसा। चारों तरफ गोबर के उपले कुछ गायें भैंसे, बकरियाँ, भेड़ें, नंगधड़ंग बच्चे, कच्चे-पक्के रास्ते, कच्चे-पक्के घर। 'नीलिमा के घर जाना है'? मुझे ऊँगली थाम कर वहाँ पहुँचा दिया गया। मैंने उनका घर देखा, जैसे भीतर हौल उठी दर्द की, मुहब्बत की, स्मृतियों की। घर का वास्तुशिल्प मेरे लिए धड़कता अकथ कहानी प्रेम की कहता सा खड़ा था। महाराष्ट्र की जमीन पर 'मिश्रा भवन' उत्तर प्रदेश का वही दालान, वही बखरी वही आँगन, अनाज से लदी बोरियाँ वैसे ही काले चींटे और माँ अर्धनारीश्वर की तरह आधी-आधी बँटी। आधी महाराष्ट्रीयन आधी उत्तर प्रदेश। बोली में बानी में अपने अंचल की गन्ध है तो कर्म में श्रम में महाराष्ट्र की मिट्टी की नमी। भेद के तम को चीरता हँसता सा भारत बहादरपुर साकार हो गया। गाँधी जानते थे इस मर्म को शायद इसीलिए गाँवों से बड़ा उन्हें कुछ नजर नहीं आया। उनका भरोसा क्यों था? गाँवों पर बहादरपुर की जमीन पर खड़े होकर देखें।

नीलिमा का जीवन उस संघर्ष से बिलकुल भिन्न है, जिसे हम रोज के बाहरी भौतिक जीवन में जीते हैं। उनके जीवन में एक अलौकिक आनन्द है। न लड़ाई जीतने की उमंग, न हारने का डर। नीलिमा की बुद्धिमत्ता ने नैतिक और सात्विक सौन्दर्य को आत्मसात कर लिया है, जो उनके चिन्तन और आचरण में रह-रह कर सहज ही झलक जाया करता है।

पाँच पीढ़ी पूर्व नीलिमा के पूर्वज उ.प्र. से आकर इस गाँव में बसे। कैसे? क्यों? पता नहीं। ना तो यह कलकत्ता था ना मुम्बई। गाँव वालों ने उन्हें अपना और अपनों का मान लिया था। वे भी मानों गाँव के पालक बन बैठे। गाँव वालों की समस्या उनका दुःख समझते सुलझाते सरपंच बन गये। खेती करते फसलों की भी मनुष्यता की भी। फसलों का रंग जितना गहरा होता गया सम्बन्धों का फल भी वैसा ही पकता गया। गाँव में उन्होंनें बद्रीनाथ का मन्दिर बनाया और श्रमअर्जित पचास एकड़ खेती दान कर दी। गाँव वालों से कहा बन्धुओं मेरे न रहने पर इस जमीन से जो भी उत्पन्न होगा उससे मन्दिर की देखरेख कर लेना।

यहीं इसी गाँव की मिट्टी से खेलते, गलियाँ घूमते नीलिमा का बचपन बीता। नीलिमा ने देखा स्त्रियों को ठंड में कांपते, चिथड़े लपेटे, बर्तन माँजते। भूखे पेट बच्चों को सुलाते। यह सब देख उनका मन खेल में न रमता। जाने कैसा-कैसा हो जाता? इन दृश्यों को देख अब कौन बुध्द होता है? परन्तु शायद इस बच्ची का मन ही करूण तत्वों से बना था। करूण हृदय पर भाले की नोंक से लिख दिया विधाता ने गरीब और गरीबी। बस दूर करना है मुझे गरीबी। इनकी गरीबी। कैसे? पता नहीं। क्या करोगी पता नहीं। गरीबों के जीवन से वाबस्तगी इस कदर गहरी हुई कि उनके श्रम के सौन्दर्य की आभा नीलिमा अमेरिका में ले जा पहुँची। और उनका पैसा जलगाँव के गाँवों की स्त्रियों के आँचल में। उन्होंने अपनी ज़िन्दगी को एक अर्थ दे दिया। ऐसा कुछ कर दिया जिसका सबके लिए महत्त्व था।

बी.ए. तक की पढ़ाई नीलिमा जी ने जलगाँव से ही की। एम.ए. के लिए उन्हें वह दायरा तोड़ना था परन्तु एम.ए. केवल बहाना था उसके माध्यम से वह अपने लक्ष्य तक पहुँचने की ठोस बुनियाद की तलाश करना चाहती थी। इस सन्दर्भ में

वह अक्सर अपनी सहेलियों से चर्चा करती। वे पूना आयी। मनोविज्ञान से एम.ए. किया। नीलिमा जी को कुछ संगठनों का पता चला जहाँ युवक-युवतियाँ समाज के लिए काम करते थे। परन्तु उनका सपना यह नहीं था कि किसी आफत विपत्ति में दौड़ कर गाँव वालों मदद कर दी। उन्हें तो गाँव में रहना था। वहीं रहकर ग्राम रचना करनी थी। पूरे गाँव को उनके बूते उन्हीं की रीढ़ से खड़ा करना था। डॉ. कलवानी का नाम नीलिमा ने सुना उम्मीदों के पुंज डॉ. कलवानी वह पहाड़ियों पर जाकर 'शिक्षा के द्वारा विकास' पर काम कर रहे थे। नीलिमा सन् 1995 उनसे जाकर मिली और उन्हें बताया कि गाँव जाकर काम करना चाहती हैं। डॉ. कलवानी वैज्ञानिक थे। उनसे नीलिमा जी टेक्नीकल शिक्षा पाना चाहती थीं। उन्होंनें कहा ठीक है। हमारे यहाँ काम करके अनुभव ले लो फिर गाँव जाकर काम करना। कलवानी जी की शैली, लगन, परिश्रम ने बहुत कुछ उन्हें सिखाया। कलवानी जी भी नीलिमा में अपना उत्तराधिकारी देखने लगे। उम्र नब्बे की हो चली थी। मन के कोने में आशा का बिरवा पल्लवित होने लगा था, नीलिमा ही यह संस्था सँभाल सकती है। नीलिमा को भी उनके साथ काम करते-करते पाँच साल हो गये थे। उन्होंनें नीलिमा को बुलाया और कहा "मुझे लगता है तुम यहाँ नहीं रहोगी। ऐसा क्या करूँ कि तुम यहीं रूक जाओ।" "नीलिमा ने विनत होकर कहा मुझे पेड़ तक पहुँचना है तो अपने ही कदमों से चलना चाहूँगी। हाँ कुछ अन्दाज, कुछ अनुभव लेने होते हैं।" नीलिमा की ज़िद्द केवल पेड़ तक पहुँचने की नहीं थी बल्कि पेड़ तक पहुँचने की प्रक्रिया से गुजरना उनकी मानसिक जरूरत थी। नीलिमा के काम करने का अपना तरीका है। यदि उन्हें दीवार बनानी है तो उसकी प्रत्येक ईंट वह स्वयं रखना चाहेगीं। फिर उसके बाद कोई भी उनसे दीवार के बारे में कुछ भी पूछ ले। गरीब माँ-बाप, बच्चे को

पढ़ाए-लिखाएँ। हो सकता है बच्चा पढ़-लिख कर बड़ा होकर दिन बदल दे। यह बाद की बात हैं। नीलिमा तो इस बात के लिए तड़प रहीं थी। माँ-बाप का दिन आज कैसे बदले? परिवार के दिन अभी बदलें। इसके लिए एक प्रोजेक्ट पर काम किया विविध संगठनों से मिली भी परन्तु नीलिमा अपने आप में स्पष्ट थी कि सरकारी प्रोजेक्ट नहीं करना है। क्योंकि नम्बर गेन करना, पेपर वर्क के पीछे भागना। फिर उनका टर्म और कंडीशन और सरकारी पैसे के एवज में ऐसा काम जो इशू बेस्ड नहीं है। सच नीलिमा को अपनी दिशा की जानकारी थी इतिहासकार हार्वड जिन के शब्दों में कहें तो "चलती रेलगाड़ी में बैठकर आप दिशाहीन कैसे हो सकते हैं?" इसीलिए किसी भी चेहरे के लिए वह मुखौटा नहीं बनना चाहती थी। वैसे भी नीलिमा मीडिया से दूर भागती हैं। न न और कोई कारण नहीं बस इतना ही कि कार्यक्रम में अतिथि बनना, फीते काटना, इन्टरव्यू देना उद्घाटन करने को अपने लक्ष्य की बाधा मानती हैं।

नीलिमा जानती थीं कि गाँव वालों को समस्याएँ भी पता हैं, और उसका उपाय भी। बस हमारे भीतर कोई व्यवस्था ही नहीं है जो उनकी समस्याओं को हल करे। नीलिमा ने सोचा गाँव वालों को इकट्ठा करके उनकी बातें सुने उन्हीं बातों से इशू बेस गतिविधियाँ बनती गयी। नीलिमा किसी भी कार्य का श्रेय नहीं लेती। कहती हैं, उन्होंने कुछ नहीं किया वह वैसी ही थी बचपन से। वे लोग कार्यकर्ता होते हैं जो अपने को मोड़ कर सामाजिक कार्यों की ओर लगाते हैं। वह कहती है—"यहाँ जो भी काम खड़े हुए हैं लोगों की सोच से, लोगों की कल्पना से ही खड़े हुए हैं। जो कुछ उन्होंने कहा बस वही वह करती गयी।"

नीलिमा कहती हैं—"जब मैं छोटी थी तब मुहल्ले की सारी लड़कियाँ गर्मी के दिनों में पापड़ बेलती थी जैसे गर्मी के दिनों

में जो बनाते हैं सेवईं बनाते हैं, पापड़ बनाते हैं, बडियाँ बनाते हैं तो क्या होता कि मुहल्लें की सारी लड़कियाँ इकट्ठा आकर आज इनके घर का बनाना है, कल उनके घर का बनाना है। सब पता है कि इसमें क्या डालना है कितनी मात्र में डालना हैं क्या चीज किस प्रमाण में डालनी है? क्या ऐसी चीज डालें कि वह ज्यादा दिन चल सकें। ये विज्ञान भी जानती थीं। फिर हम लोग जब घर पर होते तो हमारी बड़ी महिलाएँ थी वो हमें कथा सुनाती थी जिससे हमें बोध मिलता था कि बच्चियों देखो बड़े होने पर इस तरह से हमे रहना चाहिए करना चाहिए, तो उनको लोक व्यवहार पता है, ज्ञान है उनको! फिर शादी वादी होती थी तो वे नाचते थे। गाते थे। तो कलाएँ उनके अन्दर हैं। संगीत हैं। कभी त्योहार आते तो अलग-अलग तरह की मिठाई, अच्छा-अच्छा खाना बनाते तो पाक कला जो है, वो भी इनको पता है। ऐसी बहुत सारी जानकारी है। मैंने पाया कि सब लोग खूब होशियार हैं। विज्ञान, कला, लोकव्यवहार, लोकसंस्कृति की अकूत संपदा लिए ये लोग मजबूर थे तो केवल पैसों के लिए। सन् 2000 में नीलिमा अपने गाँव में आर्गनाईजेशन स्थापित किया"।

नीलिमा जानती थी की कार्य की शुरूआत के लिए भी तो पैसों की जरूरत है नीलिमा ने कम्प्यूटर सेंटर खोला फिर वो लोग कम्प्यूटर ऐसेम्बल भी करने लगे। और ऐसेम्बल करके बेचने भी लगे। आर्थिक जमीन तैयार होने लगी। नीलिमा पर गाँव के लोगों का अगाध विश्वास था। उनके दादा परदादा को लोग मालिक कह कर बुलाते थे। एक बार उनके परदादा ने कम्युनिटी वर्क के लिए चन्दा जमा किया गया। काम खत्म होने पर थोड़ा सा पैसा बच गया। नीलिमा के परदादा ने माचिस मँगाई और उसकी तीलियाँ समान संख्या में प्रत्येक घर में बँटवाई। उनकी एक आवाज पर पूरा गाँव इकट्ठा हो जाता था। गाँव की बहनों ने नीलिमा के

प्रति भी यही अपेक्षा जताई। कहा हमारे लिए कुछ कीजिए। गाँव में चार महीने खेती का काम होता है, आठ महीने खाली रहते हैं। फिर नीलिमा जी ने उन्हें 'स्वयं सहायता समूह' बनाने के लिए उत्साहित किया। बहनों का मुँह यह सुनते ही उतर गया और वह बोलने लगी कि हमें 'लकी ड्रॉ' 'चिट फंड' सभी में फँसाया गया है। नीलिमा ने कहा हम आपको सपने नहीं बेच रहे हैं। फँसाने वालों का तो वही धन्धा है। आप लोग क्यों फँसें? क्योंकि आपको लालच था बिना परिश्रम के एक रुपये को सौ रुपया बनाना था। लालच छोड़ें। थोड़े पैसे इकट्ठा करते ये लोग उसी से एक दूसरे की सहायता शुरू कर दी। बहुत सारी बहनें आती गयी। पहले फूड प्रोडेक्ट बनाया। नीलिमा बताती है स्वयं निर्भर होने में उनकी सहायता यहीं पर रहने वाली आस्ट्रेलियन महिला 'एन गॉडफ्री' ने काफी की। वह यहाँ पर कई सालों से रहती हैं। वह लगातार महामृत्युजंय का जाप कर रही हैं। नीलिमा के पास अब सैकड़ों की संख्या में कुछ कर गुजरने वाली महिलाओं की अटूट शृंखला थी। उनकी बैठक में और क्या-क्या कर सकते हैं? इस बात पर चर्चा चल रही थी। अब तक गाँव की आर्थिक स्थिति और आस पास के गाँवों की भी ठीक होने लगी थी। फूड प्रोडेक्ट से लेकर एम्ब्रॉयडरी तक बाजार में उतरने लगे थे। एक महिला ने कहा 'हम गुदड़ी बना सकते हैं''। लोग हँसने लगे। नीलिमा ने भी जब इसे अमली जामा पहनाना चाहा तो लोग हँसी उड़ाने लगे फिर भी नीलिमा को करना ही था और आज इन महिलाओं के हाथों की बनी चीजों का करोड़ो रूपयों सलाना टर्न ओवर है। अमेरिका, आस्ट्रेलिया, जर्मनी में उनकी खूब माँग है। काम अच्छा चल रहा है। कोई भूखा नहीं सोता, कोई भीख नही माँगता यहाँ। डिमांड के आधार पर पूर्ति की जाती है। अनेक युवा जुड़ चुके हैं। इस मोड़ पर आकर नीलिमा ने अपने आपको गाँव में बन्द कर लिया

है। वो अब किसी कार्यक्रम में नहीं जाती हैं, ना विजिटर को बुलाती है। हाँ महीने में एक दिन तय किया है मुलाकातियों के लिए। चार साल हो गये। ना मीडिया ना सार्वजनकि कार्यक्रम। पूरा समूह सुबह चार बजे एकत्र होता है। प्रार्थना और आत्मचिन्तन के बाद चौदह से अठारह घंटे तक काम होता और "गाँव की दौ सौ पचहत्तर बहनों के हाथ आठ करोड़ रुपये की व्यवस्था हम देने जा रहे हैं। हमने व्यवस्था खड़ी की लेकिन अब हमें उस पर प्रभुत्व की कामना नहीं करनी चाहिए। बहनें कम्प्यूटर सीख रही है।" उस वृक्ष की तरह नीलिमा का खड़े हो जाना जिसने अपनी अंतिम पत्ती तक पृथ्वी को सौंप दिया हो। मैं सोच कर हैरान होती हूँ। नीलिमा के काम करने का तरीका अद्‌भुत है। किसी काम का स्ट्रक्चर खड़ा करना उसे व्यवस्था देना। हजारों की ज़िन्दगियों में आत्मसम्मान और खुशियों का बीज बोना फसलें जब यौवन पर आयें तो मसीहाई चोला उतार कर उन्हें सौंप देना, विकास और मुक्ति की ऐसी अवधारणा मैंने न देखी न सुनी। मैं अपने युग की महामानव को देख रही थी। अविश्वास से। जानती हूँ उन्हें अपने लिए प्रयुक्त महामानव शब्द अच्छा नहीं लगेगा परन्तु उससे कम आँकना मेरे लिए सत्य से मुँह मोड़ लेना होगा। वह कहती हैं, मै संगठन चलाऊँगी ऐसा कब मेरा सपना था। लोगों के सवाल छूट रहें है। बस।

नीलिमा व उनके समूह ने सत्ताईस वर्षीय कार्यक्रम बनाया। कुल तीन फेज प्रथम नौ वर्ष, द्वितीय नौ वर्ष, तृतीय नौ वर्ष पहला 2000 से 2009 तक था। 2009 का फेज खत्म हो चुका है। नीलिमा कहती हैं इस फेज में हम लोगों को खुद को भी समझना था। अपनी क्षमताओं का अभ्यास करना था। अपनी सीमाओं को पहचानना था। सफलता मिलने पर क्या हम सामान्य रह पाते है? यह कार्य का परीक्षण और अपनी परीक्षा थी। नीलिमा जी बताती

हैं कि वह जब डॉ. कलवाल जी के साथ थी तब उनसे कहा था कि "अब मेरा वेतन और सुविधाएँ बन्द कीजिए। बस जीने की न्यूनतम अहर्ता पूरी कीजिए। कहीं ऐसा तो नहीं कि सारी सुविधाएँ मिल रही है इस लिए मैं सब कर पा रही हूँ। मैने अपने आपको पास होते देखा। मतलब मैं कर सकती हूँ।"

जब नीलिमा ने गावों आर्थिक बुनियादी ढाँचे पर सोचना शुरू किया। तो उन्हें लगा कि गाँव वालों को हर काम के लिए पैसे की जरूरत है परन्तु कोई भी मुफ्त में नहीं माँग रहा है। उनकी जरूरतें वास्तविक हैं। इन्हीं को ध्यान में रख कर 'स्वयं सहायता समूह' शुरू हुआ था आज उनकी संख्या दो हजार से अधिक है। जहाँ जैसा दृश्य होता है वहाँ वैसा काम होता है। पहाड़ों की समस्याएँ अलग है। दस हजार रुपये कर्ज लिया दस महीने बाद बीस हजार रुपये वापस करना है। नीलिमा जी यह देख व्यथित हुई गाढ़े श्रम की कमाई ब्याज में चली जा रही है। बाद में पता चला इन पहाड़ी इलाकों के कई गाँवों में पूरे के पूरे गाँव की खेती साहूकारों के पास रेहन रखी है, किसी की पाँच साल से, किसी की बीस साल से, किसी की साठ साल से। दूसरी तीसरी पीढ़ी चली गयी खेत नहीं छूटा। नीलिमा ने तय किया कि ब्याज पर रुपये न दियें जायें परन्तु इनकी खेती जरूर छुड़ाई जाय। खेत छुड़ाने पर पता चला वह जमीन समतल नहीं है। बोरिंग की व्यवस्था की। जमीन समतल की गयी अंततः खेत बोने जाने लायक बनाया गया। धीरे-धीरे अन्य गाँव वालों तक बातें पहुँची वे आने लगे बिजली, पानी, खेती की समस्या लेकर पहाड़ियों में सोलार, बैलों की जोड़ियाँ जरूरतों के हिसाब से उपलब्ध कराये जाने लगे पर एक दृढ़ आदेश के साथ कि इसकी एक-एक पाई आप चुकायेंगें। क्यों कि कर्जमाफी की साजिश नीलिमा जानती हैं, और स्वावलंबन का अर्थ भी। उनके विचारों की स्वाभाविक संरचना ही सांस्थानिक

है। वह बहुमत को शक्ति देने का सामर्थ्य रखती हैं। नीलिमा के अंतर्मन का सौन्दर्य हतप्रभ करता है। उन्हें किसी से शिकायत नहीं। उनका यह कठिन कार्य दरअसल उनकी आनन्द यात्रा है। वह शोषण के अर्थ को उतना फैलाना जरूरी नहीं समझती जितना मानवता के उदारतम अर्थों को। मुझे वह ईश्वर की श्रेष्ठतम रचना लगती हैं। नीलिमा बता रही थीं कभी अन्न नहीं उपजा कारण कई हो सकते हैं तो एक साल का ऋण दो साल तीन साल में लौटाओ। बस पैसा डूबना नहीं चाहिए। उन लोगों में भी पैसे लौटाने का कल्चर स्टैब्लिश होता गया। गाँव के बच्चों से लेकर सौ साल के बुजुर्ग तक के स्वास्थ्य उनके जीवन की गुणवत्ता पर प्रोगाम बनाया है। वो अपनी जगह और अपने समय की रचना स्वयं कर रही हैं। सारा हुजूम उनके साथ हैं। जब बहनें काम कर रही होती हैं तो पुरूष पूरे सम्मान के साथ घर का काम सँभाल लेते हैं। नीलिमा की एक आवाज पर गाँव का गाँव उमड़ पड़ता है। परन्तु वह अपने प्रति समर्पित भावनाओं का इस्तेमाल नहीं करती। नीलिमा हर वंचित की दोस्त हैं। वह उनमें आत्मविश्वास भरती हैं और उन्हें हिलने नहीं देती। नीलिमा जानती हैं किसी भी मनुष्य का सबसे बड़ा दुश्मन वही है जो उसके आत्मविश्वास को हिला दे। नीलिमा जीव और संसार को वस्तुमात्र नहीं मानती। बल्कि उसकी बृहत्तर सम्भावनाओं से परिचित हैं। इसीलिए वह सफल हैं। बहादरपुर और सिसुहा (महाराष्ट्र) गाँव की दो सौ पचहत्तर बहनों को नेतृत्व के लिए तैयार किया गया है। नीलिमा मोटिवेशन व उद्धार की बातें नहीं जानती वह केवल साझीदारी जानती हैं। काम करते वक्त किसी से चूक हो जाय तो उसे डाँट भी पड़ती है। स्त्रियाँ शुरू में कहती थी "दीदी क्या करें हम पढ़ी-लिखी नहीं है।" नीलिमा कहती है "अच्छा जो रुपये गिन कर तुमने रखे हैं उनमें से निकाल लूँ तो...।" इस तरह माफी भाव कभी उन्होंने

नहीं दिखाया क्योंकि वह इसे गैरबराबरी का भाव मानती हैं। उद्धारकर्ता की भूमिका उन्हें मंजूर नहीं। श्रद्धा भाव भी नहीं। अधिकार लड़ाई का, डाँट-डपट का भाव, बराबरी का भाव 'खेलने में को काको गोसैयाँ', पद में खेल की जगह नीलिमा ने कर्म को रख दिया। इससे गाँव वालों ने भी यह समझ लिया यहाँ कोई बहाना नहीं चलेगा। ना ही अज्ञानता के पीछे, ना ही निरक्षरता के पीछे कहीं भी छिपा नहीं जा सकता। ये लोग खींच कर निकाल लेंगे इतना पता चलने पर काम सीधा सीधा-बनता गया।

एक प्रश्न मेरे मन में कौंध रहा था कि नीलिमा जी यदि सारी व्यवस्था उन लोगों को सौंप देती है। तो उनके पास किस तरह कार्यक्रम है भविष्य में? नीलिमा ने कहा 2027 तक का काम है हमारे पास। हम दूर रहते हैं मीडिया आदि से मैग्सेसे की वजह से लोगों को पता चल गया। नीलिमा का मानना है कि एक गाँव में काम किया। आदिवासी भाई-बहनों के साथ काम किया परन्तु दूसरी जगह पर कैसे किया जा सकता है? गाँव-गाँव घूमना कार्य करना उसके डाक्यूमेंट तैयार करना ताकि उनकी सफलता असफलता के ब्यौरे से अगली पीढ़ी को कार्य करने का सुगम रास्ता मिले।

नीलिमा का रास्ता आन्दोलनों से अलग है। उसे राजनीति कैप्चर नहीं कर सकता। वह सहज रास्ता है, बदलाव का। शायद आज के समय का सर्वाधिक कारगर तरीका भी। आने वालों समय में हो सकता है कि कभी आन्दोलनों की शक्ति असरकारी हो। जैसे आजादी के समय में थी। हो सकता हो कि आन्दोलन ऐसे सशक्त हाथों में पड़ जाये जो अपने आन्दोलनों से किसी को खेलने न दें। नीलिमा कहती हैं, दुनिया में बहुत से लोग अच्छा काम कर रहे हम भी बस इन्हीं कामों का छोटा सा हिस्सा हैं। नीलिमा और उनका समूह जिस तरीके से बदलाव ला रहा है उसके समक्ष भाषा मूक वंदना ही कर सकती है। भारत भर

में यह अपने तरीके का काम है। मैं देखती हूँ बड़ियों पापड़ से लेकर गुदड़ी तक के श्रम सौन्दर्य को, स्त्रियों के चेहरे पर उमगती खुशियों को और भारत की बेटी को। तन्त्र तर्क और विकास सूत्र की नियामक को, सहिष्णु उदार और विनम्र मानवीय चेहरे को, निर्वाण और मोक्ष नहीं बल्कि महाजीवन के महाकर्म की ओर बढ़ती हुई अकूत उर्जा को, अपने समय की मृदु मूल्यवान संवेदना को, एक ऐसी दुनिया के लिए कर्मरत जहाँ दूसरापन न हो। बीहड़ जंगल से लेकर दूर-दूर तक फैलें सागर मरुस्थल आकाश निर्जन में गहन अपनापन और आत्मीयता हो। मैं लौटती हूँ। वहाँ से। और पाती हूँ लौटते वक्त जो मेरे साथ लौटा है। वह मृत्यु से अधिक शक्तिशाली है, रचनात्मक जीवन शक्ति की पहचान। केदारनाथ अग्रवाल की कविता प्रार्थना की तरह नीलिमा के लिए होठों से बरबस फूट पड़ती है—

टूटें न तार तने जीवन-सितार के,
ऐसा बजाओ इन्हें प्रतिभा की ताल से,
किरणों से, कुंकुम से, सेंदुर-गुलाल से,
लज्जित हो युग का अँधेरा निहार के।

पद्मश्री
एक उजली हँसी
जिसने केवल देना सीखा।

सबको आता नहीं दुनिया को सजा कर जीना

मेरे पास बहुत कुछ है
शाम है बौछारों से भीगी हुई
ज़िन्दगी है नूर में दहकती हुई
और मैं हूँ 'हम' के झुरमुट में घिरा हुआ

–पाश

सच पद्‌मश्री 'हम' के झुरमुट में घिरी हुई 'मैं' है। एलिस बगीचे (पुणे विश्वविद्यालय) में रीठा के पेड़ के नीचे अपने बेटे राजवर्धन के साथ खड़ी थी वह। घर की घरेलू स्त्री जो अपने घर को बृहत्तर समाज से जोड़ती है और उसका घर बड़ा हो जाता है। पद्‌मश्री अपने बच्चों का भविष्य तराशने वाली एक ऐसी माँ है जिसके

ममत्व की बौछार से सड़क का बच्चा भी अछूता नहीं रह पाता। अपनी वेदना अपना संघर्ष, अपनी तकलीफें उसके लिए गौण हो जाती है। एक मुस्कराहट उसकी लबों की उदासी का आवरण बन जाती है। "जाने दीजिए" हम कोई और बात करते हैं। ठीक है। मैं कहती हूँ थोड़ी देर के लिए चुप्पी छा जाती है। दरअसल अपनी सम्पूर्ण सामर्थ्य के साथ भी यह चुप्पी औरत होने की है। कब कहाँ किस देश में किस मोड़ पर तालिबानी वृत्ति औरत की चुप्पी की शक्ल अख्तियार कर लेगी कहा नहीं जा सकता। पद्मश्री उर्जा से बनी हुई एक स्त्री जो शहरों और अधिकतर देहातों में घूमती भटकती है, अभावग्रस्त निर्धन परन्तु होनहार बच्चों की तलाश में ताकि उनकी प्रतिभा को आधार दे सके। ताकि अभावो के पहाड़ों के नीचे उनकी प्रतिभा दम न तोड़ दे। Help for the children of India ('हेल्प फॉर द चिल्ड्रेन ऑफ इण्डिया') उसका अपना समूह है। जो यह मानता है कि समाजकार्य [illegible]। बल्कि समाज हित एक दायित्व है। बस इस दायित्व का बोध होना चाहिए इस के लिए संगठन व अनुदान का मोहताज नहीं होना चाहिए। इसे बस निर्वाह करने आना चाहिए। आप अपना क्या लगा सकते हैं? इस समाज को उन्नतशील बनाने के लिए ज्ञान श्रम पैसा। बस वही लगाइए जो आसानी से लगा सकते हैं।

पद्मश्री का जन्म महाराष्ट्र अपने गाँव से कुछ दूर दूसरे गाँव में देहात में हुआ। पद्मश्री की माँ की उम्र थी मात्र पन्द्रह साल। पन्द्रह साल की बालिका वधू प्रसव पीड़ा से छटपटा रही थी घर के सभी लोग किसी त्योहार पर गाँव गये हैं। एक भाई है, जो समझ नहीं पा रहा है क्या करे? कोई नहीं आस-पास सभी त्योहार के कारण गाँव जा चुके है। एक दलित स्त्री जंगल की तरफ लकड़ियाँ काटने के लिए जाती हुई दिखाई दी भाई ने हाथ जोड़ दिये। मदद की गुहार लगाई। वह स्त्री घबरा गयी। मैं कैसे छुऊँ?

ईश्वर से माफी माँग कर कि वह उच्चकुल की स्त्री को छू रही है। प्रसव करवाया एक सुघड़ कन्या का जन्म हुआ। भाई ने हाथ जोड कर 'दुर्पी' को प्रणाम किया। पद्मश्री कहती है। "मेरी दूसरी माँ 'दुर्पी' है क्यों कि मेरा जन्म उन्हीं के हाथों हुआ। मेरा जन्म डॉक्टर के हाथों व अस्पताल में नही हुआ। मुझे इस बात का अभिमान है।" पद्मश्री के व्यक्तित्व पर उनकी दादी का प्रभाव है वह कहती है कि जिस स्कूल से सामाजिक सेवा का व्रत लिया उस स्कूल का नाम 'दादी' है। इलैक्ट्रॉनिक में डिप्लोमा किया। जर्मनी गयी अठारह साल की उम्र में मशीन से दूध चेक करने की ट्रेनिंग करने। महाराष्ट्र के विविध शहरों से लोग पद्मश्री के पास आते थे दूध चेकिंग की मशीन की मरम्मत कराने के लिए। बी.ए., बी.एड किया उसके बाद लॉ किया। वह भी लेबर लॉ। क्योंकि उनकी दिलचस्पी मजदूर के हित को लेकर थी। अंग्रेजी में बी.ए. किया। राजनीतिशास्त्र, इतिहास, अंग्रेजी, और मनोविज्ञान से एम.ए. किया। सारे विषयों में वह पुणे विश्वविद्यालय की योग्यता सूची में रही हैं। बी.एड, एम.एड. किया। शिक्षाशास्त्र में पीएच.डी. की परन्तु उनका मानना है कि ये सारी डिग्रियाँ बस एक कोने में रखी हैं। जीवन फला-फूला है तो दादी के संस्कारों को लेकर। दादी ने पूरे गाँव को समता के बन्धन में बाँधा सभी की समस्याएँ उनकी समस्याएँ थी। कूट पीस कर सौ काम करके भी स्त्रियाँ निरन्तर उर्जाशील थीं। पदमश्री कहती हैं दादी किसी भी चीज को फेंकती नहीं थी। उनका उपयोग किसी न किसी रूप में कर लिया जाता था। पर्यावरण को क्षति ने पहुँचे इसका एहतियात बरता जाता था। दूसरों मदद करना दूसरों के दुखों को दूर करने के लिए कुछ भी कर गुजरना किसी पाठ्यक्रम में शामिल नहीं है। यह तो अनुकरण द्वारा ही सीखा जा सकता है इसका जीता जागता उदाहरण हमारे सामने होना चाहिए। पद्मश्री का मानना है जो चीज हमने

अपने ही जीवन में शामिल नहीं की तो वह बच्चों के जीवन में कैसे उतरेगी? बच्चों को अच्छी शिक्षा अच्छा खाना, अच्छा संस्कार मिलना ही चाहिए। यह काम घर नहीं बल्कि घर के बाहर के भी बच्चों के लिए यथा सम्भव करती हैं वह। पद्‌मश्री के चाचा को लोग दूर-दूर तक प्रसव के लिए बुलाने आते थे। प्रसव के पश्चात भी कोई स्त्री यह जान नहीं पाती थी प्रसव कराने वाला स्त्री था या पुरुष क्योंकि उनके मुँह पर कपड़ा बँधा रहता था। और शरीर भी ढका रहता था। ज़िन्दगी में जब नाउम्मीदी सघन हो उठती हैं, उन्हीं का चेहरा पद्‌मश्री को हौंसला देता है। घर बाहर समाज जाति का तमाम दाँवपेच स्त्रियों को केवल स्त्री होने के नाते जकड़ता है। बस हो गया न बाई अपनी नौकरी अपना घर क्या जरूरत है देहात-देहात घूमने की भला? पद्‌मश्री का मानना है प्रत्येक इंसान का व्यवहार समाजोन्मुख होना चाहिए। क्योंकि कार्य आप कोई भी क्यों न करें आप का सम्बन्ध इंसान से ही आता है, चाहे वह इंसान अमीर तबके का हो चाहे गरीब तबके का। अपने आस-पास भी व्यक्ति ध्यान दे तो न जाने कितनों कि ज़िन्दगी को केवल अपने व्यवहार से भी विधायक मोड़ दे सकता है। हर वक्त केवल अपने बारे में सोचना आत्मकेन्द्रित होना कहीं न कहीं अपने समय और समाज को अनदेखा करना है और मनुष्यत्व को भी। पद्‌मश्री कहती हैं "मैं बहुत छोटी-छोटी बातों पर भी ध्यान देकर कुछ करने का कर सुख पा लेती हूँ मसलन कहीं से लगातार पेड़ पौधे कम हो रहे हैं तो उसको रोकने कोशिश करना मनपा से सम्पर्क करना। कागज की थैलियाँ बनाना। दूसरों को सिखाना इत्यादि।" पद्‌मश्री बाईस सालों से झोपड़पट्टी के बच्चों के लिए काम करती हैं। पद्‌मश्री से अगर कोई अनदेखी हो जाती है तो वह स्वयं अपराध बोध से भर उठती है। एक भरत नाम के बच्चे को अकसर वह पढ़ाने जाती थी उन्होंने ध्यान नहीं

दिया कि उसके घर में बिजली नहीं है एक दिन पता चला कि उसकी झोपड़ी जल कर राख हो गयी। परन्तु घर के सभी लोग सही सलामत थे। पूछने पर भरत ने बताया कि मिट्टी के तेल के दिये से पढ़ रहा था और पढ़ते पढ़ते सो गया पता नहीं कैसे दिया गिर गया और आग लग गयी। भरत के पिता अपंग थे, भरत टैक्सियाँ धोता था। आज वही बच्चा प्रोत्साहन संबल और सहयोग पाकर खड़कपुर आई.आई.टी से एम.टेक कर रहा है। ऐसे करीब बारह तेरह सौ बच्चे हैं, जिन्हें पद्मश्री और उनकी पूरी टीम ने छटी सातवीं से सँभाला मार्गदर्शन दिया और उनके हाथों में स्वर्णिम भविष्य की डोर थमा दी। 'पाँचवीं' 'छठीं' के विद्यार्थियों से जब ये लोग नाता बनाते हैं तो अपने पैरों पर खड़े होने तक अपनी आँखों से उन्हें ओझल नहीं होने देते। इस बात का सन्तोष पद्मश्री के चेहरे पर झलकने लगता है। कि अपने बच्चों से भी ज्यादा ये बच्चे उनकी बात मानते हैं। आदिवासी इलाकों में काम करते हुए उन्होंने सीखा कितनी छोटी-छोटी बातों से ये खुश हो लेते हैं, अपनी मासूमियत में अपनी ज़िन्दगी की कठिनाईयों से जूझते हुए भी ज़िन्दगी का उत्सव मना लेते हैं। ज़िन्दगी की आवश्यकताएँ कितनी कम है? यह इन आदिवासियों को देख कर समझ में आता है। पद्मश्री का मानना है 'इन आदिवासियों के साथ रहने और सम्बन्ध बनाने में अपना ही लाभ है। हम जीवन जीना सीखते है। आपा-धापी से दूर। हम सीखते हैं ज़िन्दगी प्रतियोगिता नहीं है। हर ज़िन्दगी का अपना मकसद अपनी मंजिल है। हर कदम पर उगने वाली खुशी के पौधों को बाँहों में भर लेने का जज्बा उनके पास है।' पद्मश्री ने इन आदिवासियों के लिए कार्य करते हुए कभी भी सरकारी अनुदान की सहायता नहीं ली। क्योंकि उनका मानना है किसी भी प्रोजेक्ट के लिए पैसे से ज्यादा श्रम दिमाग और आप जिनके लिए काम कर रहे हैं, उनका सहायोग

आवश्यक होता है। प्रत्येक गाँव देहात में घूम कर पद्मश्री उनकी आवश्यकता के अनुसार प्रोजेक्ट तैयार करती फिर उसे पूरा करने में लग जाती। मसलन किसी गाँव में लायब्रेरी कही 'सोलार' तो कहीं सिलाईमशीन। पद्मश्री आगे अपनी ज़िन्दगी 'विधवा' और 'परित्यक्ता' स्त्रियों के हित समर्पित करना चाहती हैं। वह पैसा जुटाने की अपेक्षा सामान जुटाने में अधिक यकीन रखती है। सिलाई मशीन यदि गाँव में बँटवाया तो सिलाई मशीन की मरम्मत करना भी सिखाया। सोलार किसी गाँव में बिठाया तो सोलार की मरम्मत करना भी सिखाया। पद्मश्री दूरदृष्टि से काम करती है। प्रोजेक्ट में पेपर वर्क से अधिक जरूरत है व्यवहारिक सफलता की, जो स्वयं लग कर डट कर करती और करवाती भी हैं। पद्मश्री पूना से लोनावला डेली अपडाऊन करके पढ़ाने जाती थी और नौकरी से यात्र के तनाव के बावजूद खुश थी। क्योंकि वह वह कर पा रही थी जो करना चाहती थी। पद्मश्री सभी को यही सिखाती है कि खुशियाँ हर पल हमारे नजदीक होती है। हमी उनको अपना पास नहीं आने देते। अपने 'इगो' की दरार पाट कर खुशियों तक पहुँचे। कम उम्र पद्मश्री की शादी हुई और वह जल्दी ही माँ बनी एक बेटी की। इक्कीस वर्ष पूर्व जो अनुभव माँ का था वही बेटी का भी रहा। "बेटी तो अच्छी है, लेकिन बेटा होता तो कितना अच्छा था।" या पहला "बेटा होता तो ज्यादा अच्छा होता।" पद्मश्री खुश थी। अपने सृजन को नर मादा की मात्र में बाँट कर खुशी कम ज्यादा नहीं करना चाहती थी। बस एक दुख सालता रहा कब तक अखिर कब तक बालिका शिशु के प्रति नजरिया लोगों का बदलेगा? अपनी लड़की का एडमिशन कराने पद्मश्री स्कूल पहुँची। फीस ज्यादा होने के कारण उसके कदम ठिठक गये फिर भी मन में एक जिद्द थी कि लड़की शिक्षा ढंग से नहीं दे पाई तो कैसी माँ मैं? वह सीधे प्राचार्य के पास

पहुँची। एक साथ मैं फीस नहीं भर सकती प्राचार्य तैयार हो गयी। पद्मश्री ने किश्तों में फीस चुकाई। लड़की शर्मीली थी परन्तु पदमश्री के भीतर दादी का दिया अदम्य विश्वास था जो वह अपनी बच्ची के भीतर भरना चाहती थी। जो लड़की स्टेज पर बोल नहीं पाती थी। आज पूना के सभी कॉलेज का नेतृत्व कर रही है। वह एम.टेक कर रही है। पद्मश्री का मानना है जो आज हम सबसे मूलभूत चीज जो बच्चों को नहीं दे पा रहें है। आत्मविश्वास और प्यार। यही कारण है जो हताशा विद्यार्थी जीवन में पता भी नहीं होनी चाहिए वही हताशा उनमें घर कर जाती है। आठवी नवीं के विद्यार्थी और आत्महत्या हमें इनकी जड़ों की तलाश करनी चाहिए। पद्मश्री ने बेटी के बाद एक बेटे को जन्म दिया जो ढाई साल तक न बोल पाता था। न कुछ चबा पाता था। डॉक्टर भी नहीं बता पाया कि वह कुछ चबा क्यों नहीं पाता। सभी कहते थे कि पद्मश्री का बेटा 'एबनार्मल' है परन्तु माँ का मन मानने को तैयार नहीं। अकेली पहाड़ से सुरंग बनाने को तैयार। इतना परिश्रम। परिवार देहात समाज नौकरी ऊपर से यह बच्चा। पति अक्सर बाहर होते थे। न जाने कैसे पद्मश्री से सम्भव होता। हर शाम दो घंटे बच्चे के सामने लगातार चबाने का नाटक करती। उसे भी हाथ में ककड़ी छील कर थमा देती थी। एक दिन ऐसा भी आया जब बच्चे ने घर का चक्कर लगाते लगाते पूरी ककड़ी चबा ली। माँ बिना कारण बच्चे के सामने लगातार बड़-बड़ करती हाँ उसकी अथक प्रयत्न से बच्चा भी बोल उठा अब माँ पूरे घर में खुशी से नाच उठी। वह कहती रही कि मेरा बच्चा सामान्य है। लोग दया दिखाते रहे बेटी होनहार है, परन्तु वह बेटी है और बेटा बेचारा। उनका मुँह बन्द होने का अवसर आ गया। पाँच-छह साल का राजवर्धन स्कूल जाने लगा था। इतना छोटा बच्चा बालकनी से हरे भरे वृक्षों और वृक्षों पर बसेरा डाले रंग बिरंगे पक्षियों को

निहारा करता। एक दिन उसने देखा कुछ लोगों ने पेड़ काटा। न जाने उस बच्चे के हाथ मे कैमरा और रिकॉर्डिंग कैसे ऑन हुआ और कैमरे में कैद हुआ ढहता पेड़ गिरता घोसला, टूटते अंडे। बच्चा रो पड़ा अपने लिए नहीं पक्षियों के लिए। भागा माँ के पास और बताने लगा वहाँ कुछ लोग पेड़ काट रहे हैं। पद्मश्री ने कैमरा देखा और वह हैरान थी कैमरे के भीतर फिल्म चल रही थी माँ की आँखें चमक उठी। उन्हें लगा जरूर कोई इशारा विधाता का है। माँ ने कैमरा दे दिया राजवर्धन के हाथ में। वह खेले कैमरे से अपने हिसाब से। अपने अभावों में भी बेटे की प्रतिभा निखारने के लिए उन्हे याचक होने में भी गुरेज नहीं। बेटे को लेकर सातारा 'कास घाट' निकल गयी कैमरे आठ वर्षीय राजवर्धन के हाथ ने कमाल दिखाया कास पठार अगस्त सितम्बर के महीने में हजारों रंगों के फूलों से बहरता। अद्भुत प्रकृति का ऐश्वर्य देख कर कौन न पागल हो जाये। मूक पड़े गन्धर्वों के सुर कूक रही कोयल मस्तानी। यहाँ हवा में फूलों के बोल खिलते हैं। ये सारा सौन्दर्य आठ वर्षीय बालक अपने कैमरे में समेटते चला जा रहा है। माँ तय करती है बच्चे के इस हुनर के लिए कुछ भी कर गुजरेगी। पिता के लिए यह शौक बेमानी है। क्योंकि यह उसे दुनियादार नहीं बनाता। माँ के लिए यही वह शौक है जो राजवर्धन का चेहरा भीड़ से अलग करता है। 'तारे जमीं पर' (फिल्म) के शिक्षक की दृष्टि माँ के पास है वह माँ है गुरु है सखा है। राजवर्धन के पास अच्छा कैमरा नहीं है परन्तु माँ का प्रोत्साहन है, वह कौए पर डाक्यूमेंटरी फिल्म बनाता है। माँ एक-एक पाई जोड़ती है हर सम्भव उस जगह उसे ले जाती है जहाँ प्रकृति और पशु पक्षी मनुष्य से निर्भय अपना जीवन जी रहे होते है। वह एक से एक सुन्दर तसवीरे उतारता है। पद्मश्री घर सँभालती है, पद्मश्री देहात के और झोपड़ियों के बच्चों को सँभालती है, जाति समाज

के तमाम ताने झेलती है। परन्तु राजवर्धन के जुनून को अपना जुनून बना लेती है। राजवर्धन के चित्रों के प्रदर्शनी लगवाती है। अब धीरे-धीरे शहर के लोग इन चित्रों की ओर आकर्षित होते हैं राजवर्धन के चित्रों की सराहना की जाती और प्रोत्साहन स्वरूप लोग रशियाँ भी देने लगे। पद्मश्री ने राजवर्धन के नाम बैंक में एकाउंट खोला है ताकि ठीक ठाक राशि इकट्ठा हो जाये तो वह उसके लिए अच्छा कैमरा दे सके। राज्य सरकार ने राजवर्धन को सम्मानित किया शाल व सम्मान पत्र देकर। पद्मश्री की उदास आखें दर्द से हँस पड़ती है, जिसे देखकर सिहर उठती हूँ मैं। वह मुझसे पूछती है इस बच्चे को शाल देने का क्या मतलब? सच! अब राजवर्धन नवीं का छात्र है। स्वास्थ्य उतना ठीक नहीं रहता। बचपन में भी सांस लेने में उसे तकलीफ होती थी। इसके बावजूद जो कर रहा है उसके लिए शाल का क्या औचित्य है? उसके लिए एक अच्छे कैमरे की व्यवस्था ही उसका सम्मान था। प्रश्न व्यक्तिगत शौक का नहीं है, प्रश्न है समाज और पर्यावरण हित का जो माँ बेटे कर रहे हैं। व्यवस्था को उसकी अनदेखी नहीं करनी चाहिए। राजवर्धन और उसकी माँ इस बात के लिए प्रयत्नशील है अधिकांशतः स्वदेशी वृक्ष लगाए जाये। राजवर्धन अपने तरीके से उसके फायदे और विदेशी वृक्षों के रख रखाव के कुल लागत को जिस तरह से प्रस्तुत करता है वह हमें सोचने के लिए बाध्य करता है। भारतीय जलवायु उसकी मिट्टी और वृक्षों के बारे में मध्यरात्रि खिलने वाले फूल के निरीक्षण के लिए माँ बेटे पुणे विश्वविद्यालय आते हैं रात एक बजे उन्हें सुरक्षा कर्मचारी पकड़ता है। पूछताछ करता है बमुश्किल माँ बेटे की बात मानता है। राजवर्धन पुणे विश्वविद्यालय के 'वनस्पति बाग' में अध्ययन के लिए जाना चाहता है। बॉटनी विभाग के अध्यक्ष ने कहा वह बाँटनी का छात्र नहीं है नाही रिसर्च स्कॉलर और

नहीं ही जाने दिया। यह विडम्बना है भारत की। अन्य किसी देश में शायद न हो। पद्मश्री राजवर्धन के लिए पथ बनाती बनाती खुद पथ बन गयी। सलाम है माँ को और माँ के जज्बे को। न जाने कितने बच्चों की बीड़ी सिगरेट की लत छुड़ा कर उन्हें नवजीवन दिया। सकारात्मक सोच से बनी इस स्त्री के जीवन में नाउम्मीदी जैसा कोई शब्द नहीं है।

पत्थर की नाभि में
अभी कहीं ज़िन्दा है हरा रंग
मुझे उम्मीद है फिर भी

—अरुण कमल

प्रमिला चौरे

जाति पंचायत के विरुद्ध
वसंत का व्रजनाद

खाप पंचायत

यहाँ किया जाता है निर्दोषों के मौत का फरमान जारी।

सब जग जलता देखिया अपनी-अपनी आग।

बीमार मुल्क में सेहत के लिए उठाया गया हर कदम उन लोगों का अपमान उन लोगों का अपमान है, जो बीमारी पर ही ज़िन्दा है।

–नेल्सन मंडेला 2 जून 1979

क्या मंडेला का यह कथन भारत के लिए सही नहीं है? अभी तो नरेन्द्र दाभोलकर की चिता की आग भी ठंडी नहीं हुई तो कैसे कह दें कि भारत एक गौरवशाली देश है और सहिष्णुता इसकी परम्परा। हत्याओं की अपनी शान समझने वाला है यह देश। और बलात्कार, जातिदर्प इसकी संस्कृति। इसके खिलाफ मुँह खोलने वालों को इसकी सजा दी जायेगी। मुक्तिबोध के शब्दों में 'हाय-हाय' मैंने उन्हें नंगा देख लिया, इस बात की मुझे सजा मिलेगी। यहाँ मानवधर्म केवल वह 'पायदान' है जिस पर खून से सने पैरों को पोंछते हुए बर्बर हत्यारे शोहरत की बुलंदियों पर चढ़ते जाते हैं

और भारत उन्हें शाबाशियाँ देता है।

अध्यापकीय पेशे से जुड़ी होने के नाते मैं युवावर्ग से वाबस्ता हूँ मै उनकी आँखों के सपनों को पहचानती हूँ। कक्षा में हमेशा अभयदान देने की मुद्रा में कहती रही हूँ—"सुनो मुहब्बत करने से पहले मत सोचो परन्तु नफरत करने से पहले सौ बार सोचो।" तो मेरा यह पाठ गलत रहा। मैं अपनी मूर्खता के कारण 'ढाई आखर प्रेम का' को मानवधर्म का पर्याय समझती रही। परन्तु प्रेम के प्रति समाज का रवैया 'यमराज' की तरह है। जहाँ-जहाँ प्रेम है, वहाँ-वहाँ मौत का फरमान लेकर पहुँच जाता है यह समाज। प्रमिला चौरे को क्षण भर के लिए याद कर लें। हाल ही में नाशिक में उसके पिता ने ही उसकी हत्या कर दी। लोग कहते हैं, अभी तो हाथों की मेंहदी भी नहीं सूखी थी, परन्तु प्रमिला के बारे में यही कहूँगी कि प्रमिला की मौत के बाद उसकी खुली आँखों में भी बच्चे को न बचा पाने का अपराध बोध और जाति नृशंसता का भय समाया हुआ था। लड़की थी घुमन्तू जाति की, लड़का था मातंग। सोचती हूँ इससे अधिक अपमान बाबसाहेब का और क्या हो सकता है? पिता ने अपनी बेटी की हत्या की वह भी शादी के डेढ़ साल बाद। शादी को तो सह लिया परन्तु बेटी बच्चे को जन्म देने वाली है यह सह्य नहीं हुआ। संकर जाति का बच्चा! अर्थात जातिगत अशुद्धता। जाति का धर्मभ्रष्ट हो असम्भव। क्या-क्या न कुर्बानियाँ दी, भारत ने जाति रक्षा के लिए छल से, बल से हत्या से, बलात्कार से ये सारे साधन न केवल पवित्र है, बल्कि शहादत की ओर ले जाते हैं। जाति रक्षा के लिए प्रमिला की हत्या ठंडे दिमाग से सोच समझ कर की गयी साजिश का परिणाम है। पिता ने बेटी की ससुराल जाकर कहा—"माँ बहुत बीमार है, तुम्हारे लिए तड़प रही है।" बेटी नौ माह का गर्भ लिए भरी आँखों से पिता का हाथ थाम 'आटो रिक्शा' में बैठ गयी। अस्पताल के सामने

आते ही पिता ने बहाने से रिक्शा ड्रायवर को अस्पताल भेजा और झोले में से डोरी निकाली बेटी के गले में फाँस कर जान ले ली। दर्पोक्ति से इस हत्या की घोषणा की। माँ न सह पाई पुलिस में शिकायत दर्ज की। अब पिता सलाखों के पीछे है। वहाँ भी यह कहता पाया जाता है कि, बच जाती तो दुबारा हत्या कर देने में वह संकोच न करता। इस घटना ने महाराष्ट्र को झकझोर दिया। जाति निर्मूलन का अभियान पुनः जड़ें पकड़ रहा है। परन्तु 'मर्ज बढ़ता गया ज्यों-ज्यों दवा की'। गाय, सुअर निर्जीव मूर्तियों पर कुछ फेंक दिया जाय किसी फिल्म के किसी संवाद, पर किताब किसी हर्फ़, उन्हें इतने आवेग में भर देता कि खून की नदियाँ बहा देते हैं लोग। परन्तु खून की नदियाँ बहा देने वाले रक्तपिपासुओं की जमात का खून इस तरह की हत्याओं या कन्याभ्रूण हत्याओं से कभी नहीं खौलता। एक आवाज तक नहीं। ऐसी चुप्पी...भारतीय संस्कृति को सारा खतरा वेलेटांइनडे से है। हत्यायों को संस्कृति और मूल्य की तरह रोपा जा रहा है। हाँ इन अमानवीय वृत्तियों के विरोध में भारतीय साहित्य अवश्य खड़ा रहा है, परन्तु किसी कवि ने कहा है—

जंगल आग नहीं बुझा सकता
केवल कविता का जल लेकर

कोई सन्देह नहीं कि यत्र-तत्र विरोध भी हो रहा है। अब संघर्ष में सौन्दर्य खिलता दिखना मुझे बन्द सा हो गया है। आँखें परिणाम के लिए तरस रही हैं। क्या हमारी पीढ़ी भी बिना परिणाम के रीत और बीत जायेगी? कुछ अन्तर्जातीय विवाह और प्रेम को लेकर उन समाचारों पर एक नजर जो अखबारों में प्रकाशित होकर नौ रुपये किलो की रद्दी में कब के बिक चुके हैं—

- रोहतक जिले में एक जाट लड़की का विजातीय लड़के से प्रेम था। घरवाले उसे रात में अपने ही खेत में ले गये और खेत

में लिटा कर उसे ट्रैक्टर से कुचल दिया।

- कैथल जिले में पुलिस और हाईकोर्ट के वारंट अफसर की मौजूदगी में गाँव वालों की भीड़ ने वेदपाल मोर को पीट-पीट कर मार डाला।
- करोड़ा गाँव के मनोज और बबली की बस से घसीट कर हत्या की गयी और हत्यारे गंगाराज को जाट गौरव से नवाजा गया।
- गाँव से लड़का और लड़की शादी के लिए भाग गये। सरेआम लड़के की बहन से सामूहिक बलात्कार किया गया।
- दिल्ली के बवाना क्षेत्र एक लड़की ने अपनी मर्जी से शादी कर ली तो बाप ने अपनी ही बेटी का बलात्कार करवा दिया। बलात्कारियों में उसका अपना चचेरा भाई भी था।
- पति-पत्नी को राखी बँधवाने और भाई बहन की तरह रहने का 'तुगलकी फरमान' तो आम बात है।
- भिवानी जिले कालूवासू गाँव के लोग जहाँ गाँव के बेटे विजेन्द्र (मुक्केबाज) की बिपाशा बसु के साथ 'डेट' पर जाने के नाम पर मिठाईयाँ बाँटते है वही गाँववाले की दो बहनें उम्र चौदह पंद्रह साल की अपने दोस्तों को दीपावली की शुभकामनाएँ देने जाने की बात नहीं पचा पाते। उन्हें इतना मारते हैं कि वे बेहोश हो जाती है। और उन्हें बेहोशी के आलम में श्मशान में ले जाकर चिता पर लिटा कर ज़िन्दा जला देते हैं।
- हरिद्वार की मिथिलेश अपने प्रेमी के साथ चली गयी। पकड़ी जाने पर उसकी जाति पंचायत ने रात भर बलात्कार की सजा दी। एक छोटी सी झोपड़ी में रात भर चौदह पुरुष। अंशु मालवीय ने इस घटना को लेकर मरणातंक पीड़ा देने वाली कविता (अन्यथा न लें मार्मिक न कह सकूँगी किसका मर्म कैसा मर्म?) लिखी उसकी कुछ पंक्तियाँ यूँ हैं–

एक ओर तुम हो
एक ओर बलात्कारी

और बीच में सरकार मुआवजा लिए
और ठीक इसी जगह
हम इतिहास का एक महत्त्वपूर्ण
सवाल पूछ सकते हैं
राज्यसत्ता ने औरतों की दलाली
कब शुरू की थी???

ऐसे न जाने कितने जघन्य पापियों के बोझ से धरती टलमल कर रही है। क्या यह सबसे विशाल जनतन्त्र वाले देश का चेहरा है तो फिर तालिबान किसे कहते हैं? सचमुच यहाँ लॉ और ऑडर जैसी चीजें है? प्रश्नों का उत्तर कहाँ खोजा जाये? मैं उन लोगों को ढूँढ़ती हूँ जिनमें अब भी आस्था बची है मानवता को बचाने के लिए लड़ रहे हैं और पे जो जातिअन्त के युद्ध के सैनिक है। नाशिक पहुँचती हूँ। वहाँ प्रमिला की माँ है जो बेटी खोकर जातिअन्त के युद्ध की कर्मवीर योद्धा बनी। शोक मनाने का समय कहाँ? कहीं किसी और बेटी की जान पर न बन आये।

मैं एक ऐसी ही पीड़िता परन्तु योद्धा से मिलती हूँ प्रमिला चौरे। पिता पियक्कड़। घर में अन्न नहीं। एक बहन कुपोषण की शिकार होकर मर गयी। प्रमिला ने पाँचवी कक्षा तक पढ़ाई की। पिता ने पढ़ाई रोक दी। प्रमिला बिलख पड़ी न जानें इस बालिका को बस्ते का बोझ आनन्द क्यों नजर आता? पिताजी के पाँव पकड़ लिए शनिवार, रविवार को मजदूरी करूँगी बस आप पढ़ने दीजिए। पियक्कड़ बाप को एक जुगाड़ नजर आया शराब का उसने हाँ कर दी। बेटी दो दिन मजदूरी कर पिता के हाथ अपनी पढ़ाई का रिश्वत देती रही और पढ़ती रही। पढ़ाई दसवीं तक पूरी हुई। आगे की नहीं, बीटिया जवान हो गयी शादी कैसे तय हो? माँ मजदूर। बाप पियक्कड़ दहेज कैसे दे? मामा की स्थिति भी ठीक थी और मति भी परन्तु मामी पियक्कड़ की बीटिया के लिए दया क्यों दिखाती?

उम्र सोलह की थी प्रमिला की आँगनवाड़ी में शिक्षिका बनी परन्तु शायद ही ऐसा कोई क्षेत्र हो दुनिया का जहाँ स्त्रियों पर कुत्सित नज़र न पड़े। प्रमिला संघर्षों जूझते हुए अपने को बचाते हुए मेहनतकश शिक्षिका के रूप में स्थापित हो रही थी। फिर भी विवाह एक बड़ी समस्या थी। दहेज दे नहीं सकती वह। जाति दहेज नहीं जुटा सकती परन्तु जाति के बाहर विवाह किया तो जाति पंचायत सजा देगी यह तय था। इसके बावजूद प्रमिला ने अन्तर्जातिय विवाह किया। जाति पंचायत ने फरमान जारी किया। जहाँ दोनों मिले ज़िन्दा जला दो। जाति बहिष्कृत कर दो। पति-पत्नी के बीच सन्देह के बीज डाले जाने लगते। अपनी जाति से बहिष्कृत। किसी तरह कोई सहयोग नहीं परन्तु नौकरी अब प्रमिला मुख्य सेविका के पद पर कर रही थी। 1999 के नियम में प्रमिला जातिगत वैधता में न बैठने के कारण (पिछड़ी जाति के) नौकरी से निकाल दी गयी। हालाँकि नियम यह था कि 1999 के पूर्व तक का निर्णय यथावत रहेगा। इसके बावजूद प्रमिला को घर बिठा दिया गया वह अपनी फाईल लेकर समाज कल्याण ग्रामविकास, आदिवासी विकास के दतरों में घूमती रही। कहते हैं, स्त्रियों की कोई जाति नहीं होती जिसके साथ ब्याही जाती है, उसी जाति की हो जाती है। यह विवाह था मराठा और आदिवासी जाति के मध्य। बाबासाहेब अन्तरजातिय विवाह को जातिअंत का अमोघ अस्त्र मानते थे। परन्तु बाबासाहेब को अपना सब कुछ मानने वाले लोगों ने भी उनकी यह बात न मानी। प्रमिला और उसके पति दोनों ओर से जाति बहिष्कृत थे। दोनों जाति के लोग उनके लिए आत्महत्या का रास्ता तैयार कर रहे थे। उन्हें जीने की जिद्द थी–

मैं ज़िन्दगी से भागना नहीं
उसे जुड़ना चाहता हूँ,
उसे झकझोरना चाहता हूँ।

–कुँवरनारायण

प्रमिला की तीन बेटियाँ थी वे अब बड़ी हो गयी थी। ना तो आदिवासी तैयार उन्हें अपनाने को। ना तो मराठा समाज। प्रमिला रो पड़ती है। कहती हैं क्या करूँ तीनों बेटियों को बेच दूँ या उनके साथ मैं भी जहर पीकर सो जाऊँ? मैं सोचती हूँ क्या विवाह इतनी बड़ी मंजिल है जो न मिले तो जिया ही न जाये। प्रमिला की वास्तविक तकलीफ बेटियों का विवाह नहीं था, बल्कि यह समानान्तर अदालत थी। जिस पर न सरकार वश था ना कानून का। प्रमिला ने इस तरह के पीड़ितों की तलाश करनी शुरू का दी। और उसने पाया पीड़ितों में तहसीलदार टीचर फॉरेस्ट अफसर राजनीतिज्ञ यहाँ तक कि पुलिस वाले भी मिल गये सभी जाति के लोग परन्तु जाति से बहिष्कृत थे। प्रमिला इस तरह के लगभग सात सौ लोंगों को एक मंच पर लाई। कोर्ट केस करने का प्रोत्साहन दिया। खापपंचायत, जाति पंचायत के विरुद्ध। एक राजनीतिक दल के नगर सेवक के विरूध्द मामला चला तो उन्हें बचाने के लिए स्वयं मेयर भागे दौड़े चले आये। विडम्बना यही हैं कि हत्यारों को अत्याचारियों को बचाने के लिए सत्ता पैसा बल लेकर अनेक बाहुबली खड़े हो जाते हैं। बावजूद इसके लड़ाई परवान चढ़ रही है। सौ लोगों के विरुद्ध केस महाराष्ट्र में वकील 'अश्विनी सर्वदे' लड़ रहे है। नया कानून बनने के आसार नजर आ रहे है। यह सब बताते हुए प्रमिला की आँखों में बदलती दुनिया की उम्मीद भरी तस्वीर झलकने लगती है। इस अभियान के दो आधार स्तम्भ रहे उत्तम कांबले, नरेन्द्र दाभोलकर। एक वैज्ञानिक दृष्टिकोण लिए मानवीय मूल्यों वाले समाज का सपना अपनी खुली आँखों बसाए नरेन्द्र दाभोलकर यूँ ही चले गये अभी तो उन्नीस की बैठक (अगस्त 2013) होनी ही थी। मुझे उनके जाने ने उतना आहत नहीं किया। सभी जायेगें परन्तु जाने के कारण ने घाव दिया और शर्मिन्दगी भी। दिल

से एक आह निकली–

मासूमियत के जुर्म में बदनाम बहुत थे
और तेरे ही वास्ते अपने सर पर इल्जाम बहुत थे।

समानान्तर सरकार कोई तो चला रहा है। अहिंसक जन आन्दोलनों का जवाब हिंसा से देकर। भारतीयता की रक्षा का एकमात्र रास्ता है हिंसा, बेटी मार दिया। इज्जत पर आँच नही आने दी। सत्तर साल की बूढ़ी से लेकर सात साल की बच्ची तक को बलात्कार करने में लानत है जो हम जरा भी काँपे हो। यूँ ही थोड़ी हो जाती है धर्म की रक्षा थोड़ा बेमुरव्वत होना पडेगा। यूँ ही थोडी न रहमान गायेगा जय हो...जय हो...जय हो...जय हो किसकी? पराजय किसकी?

एक और अन्तर्जातिय विवाह का उदाहरण सामने है जिसके विवाह के तीन साल पश्चात पति की मृत्यु हो गयी। जाति पंचायत ने ऐलान किया कि इस शवयात्रा में कोई भी जायेगा तो ग्यारह हजार रु. का दण्ड भरना पड़ेगा। स्त्री ने पुलिस केस करने की कोशिश की परन्तु आठ दिनों तक पुलिस ने केस को हाथ भी नहीं लगाया। कृष्णा जो पेशे से इंजीनियर है उन्हें इस तरह की घटनाओं ने इस इतना मथा कि वे बावरे से हो गये सब कुछ छोड़छाड़ कर 'जोडीदारा ची विवेकी निवड' (जीवन साथी के चुनाव में, विवेक का आधार) और 'आओ जाति की जड़ों में मट्ठा डालें'। अभियान में अपने को झोंक दिया। मैं कृष्णा जी को देखती हूँ। साफ-सुथरे कपड़े, आकर्षक व्यक्तित्व के धनी, आँखों मे जो 'घर जारे अपना का भाव'। परन्तु इन सबके साथ ही मुझे दिख जाता है उनके जूतों का छेद। एक अनकही भाषा में मुझ तक पहुँचती है उनकी कहानी। मैं नीचे देखने लगती हूँ। उन्हें धमकियाँ भी मिलती हैं। तुम भारतीय संस्कृति के संहारक हो। विचार उच्चार, प्रचार का गीत गाता जोगी क्या डरता? तमाम स्त्रियाँ उसके साथ है और

वह भी, अपनी भगिनी सखियों के साथ। कृष्ण अर्थात मुक्तिदूत वह तब भी था वही। अब भी है वही। प्रमिला चौरे इस अभियान का हिस्सा है गाँव-गाँव अलख जगाने वाला यह दल जहाँ भी जाता है गाँव कुछ लोग मिल कर उन्हें जो कुछ देते हैं वही वे खा लेते हैं। सधुक्कडी खाना क्रान्ति का बाना रंग लायेगा। महाराष्ट्र जागेगा जागना ही होगा। क्योंकि तूफान कभी मात नहीं खाते। प्रगति और राजनीति दोनो को जाति के आधार से मुक्त होना ही होगा। यही मुक्ति का शंखनाद पूरे देश में गूँजेगा। प्यार आतंक है और जाति परिवार आतंकवादी हैं। यह कटु यर्थाथ है और इस फूहड़ मुहावरों को इसे बदलना ही होगा।

खिड़कियाँ एक अर्से से चुप ही रहीं
वरना हर रोज सूरज निकलता रहा।

कभी ऐसा सुना नहीं कि खाप और जाति पंचायत ने दहेज लोभियों को और बहुओं को ज़िंदा जलाने वालों को या बलात्कारियों को कोई कड़ी सजा दी हो। उनके लिए मौत का फतवा जारी किया हो। इसीलिए केवल अमानवीय जमीन पर खड़ी इन हिंसक खाप और पंचायातों को खत्म होना ही होगा प्रमिला चौरे जैसे हजारों योध्दाओं की जंग और तेज होगी। खाप पंचायत, जाति पंचायत के विरूध्द, इन मौत के सौदागरों के खिलाफ। जानती हूँ। आसान नहीं परन्तु वैसे ही कहाँ वे आसानी जी पा रही हैं? जाति का सर्पदंश उन्होंने झेला है इसीलिए से स्वयं विषधरों के विषदंत तोड़ने पर आमादा हैं। हरिओम के शब्दों में कहूँ तो–

हर एक सुबह हवाओं में
ताज़गी के लिए
ये जंग होगी और तेज
ज़िन्दगी के लिए।

(लेख खत्म करते करते 16 अक्तूबर 2013 के नवभारत (मुम्बई)

के पृष्ठ संख्या आठ पर समाचार विशेष पर नजर गयी दिल्ली श्री राम भारती कला केन्द्र की रामलीला सियाराम की मनोहर झाँकी का चित्र और नीचे समाचार 'प्रेमविवाह ने ली सास बहू की जान' कानपुर में बेटी ने प्रेम विवाह किया घर वालों ने ससुराल पहुँच कर बेटी का कत्ल किया। सास की गर्दन उड़ा दी। पति कुलदीप के हाथ पैर काट दिये।)

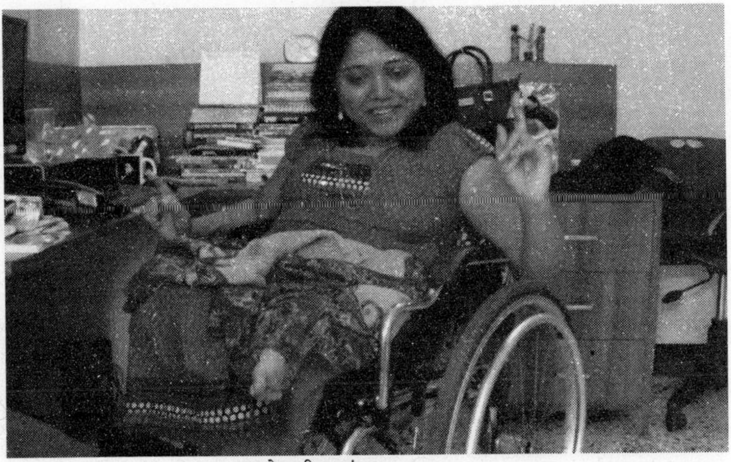

सोनाली नवांगुळ
तूफान से खेलता

आहलाद् का एक क्षण

'मसलये खुर्शीद ले के निकले हैं'

"दुःख ही जगत के पदार्थों का मूल्य है, जो कुछ आदमी ने रचा है, दुख़ की सहायता से ही रचा है।"

—**टैगोर**

एक बड़ी-बड़ी भरी भरी आँखों वाली युवती। कंधे तक कटे वालों कों हलका सा झटका देकर, घर का ताला खोलती है और भीतर प्रवेश करती है। खूब-खूब गहरी साँस नाभि तक खींचती है, ताजे रंगों का भीनापन अपनी गन्ध के साथ भीतर उतरता चला जाता है, समय है साँझ का। एक सुन्दर शाम। हौंसला थमाता सा सूर्यास्त।

मेघमय आसमाँ से
उतर रही संध्या सुन्दरी परी सी
धीरे-धीरे-धीरे

—**निराला**

यह संध्यासुंदरी युवती के गले लगती है और चल देती है जगत पर छाने। युवती घर में लाइट जला कर उजाला करती है। घर की अमलतासी रंगों की दीवारों को बाँहों में लेने की कोशिश करती है। दीवारों को सहलाती है। दीवारों को चूमती है। व्हीलचेयर घूमाती है मेज तक आकर टेलीफोन का रिसीवर उठाती है हलो हलो एक बार दो बार तीन बार यही दुहराती है। फोन की कोई घंटी नहीं बजी थी, जानती तो वह भी है। बस यकीन करना चाहती है। 'घर मेरा है', घर का फोन मेरा है, व्हील चेयर रसोईघर में रसोईघर का प्लेटफार्म, रैक सब के सब व्हीलचेयर के कद की बराबरी के गैस का चूल्हा जलाती है, बुझा देती है। रसोईघर की दीवारों का सहलाती चूमती है सैकड़ों बार लौटती बाथरूम का दरवाजा खोलती है बड़ासा कमरानुमा बाथरूम पलकें झपका झपका कर देखती है। खुश होती है। गाती है—

फुलले रे मन माझे फुलले रे
सजले रे मन माझे सजले रे
(खिला रे मन मेरा खिला रे
सजा रे मन मेरा सजा रे)

सारी रात यही चलता है। यह है सोनाली नवागुंळ कोल्हापुर की प्रखर पत्रकार, फिल्म समीक्षक। अपाहिज सोनाली पैराप्लेजिक है। बाजार में घूमती, सिनेमा देखती, नाटक देखती भीड़ भरी सड़कों पर पुलों पर आप से कहीं भी वह टकरा सकती है। नाक भौं सिकोड़ते लोगों अरे-अरे यहाँ हम लोगों को भी भारी पड़ता है। हमारी नहीं निभती इस भीड़ में व्हीलचेयर वाले क्यों आ जाते हैं? उनको रोकती "सुनिये! मेरा भी मन करता है, बाजार देखने का। मुझे भी गोलगप्पे खाने हैं, मुझे भी सब्ज़ियाँ खरीदनी है, आप ही की तरह।" लोग चुप रह जाते हैं। हर तरह के अन्याय के खिलाफ सोनाली कलम की धार तेज हो जाती है सोनाली

किसानों की आत्महत्या के बाद मृतक परिवार को दिये जाने वाले मुवाअजे के सन्दर्भ में लिखती है—"किसानों की आत्महत्या रोकने के लिए सरकार एक भी विधायक कदम नहीं उठाती है। बल्कि आत्महत्या के बाद घोषित मुवाअजे की रकम कर्ज से दबे किसानों को आत्महत्या के लिए उकसाती है। दया के भीतर की क्रूरता किसी का सम्मान से मरने का भी हक छीन लेती है।" सोनाली 'क्लिनकल ट्रायल्स' के विरुद्ध भी आवाज उठाती है। सोनाली लिखती है—"2007 में 182, 2008 में 288, 2009 में 637, 2010 में 462 लोग 'क्लिनकल ट्रायल्स' के कारण असमय मौत के मुँह में चले गये। इन्हें भी तो जीने का अधिकार था न।" सोनाली अपाहिजों की परीक्षा से लेकर नाटक, सिनेमा तक के लिए अपाहिजों के साधनों को लेकर लगातार लिखती व लड़ती रही हैं, ताकि वे सामान्य जीवन जी सकें। जीने व खाने से ऊपर उनमें कलात्मक रूचि का संस्कृति का विकास हो सके। वह जिद्दी है यही जिद्द उनकी सफलता का कारण है।

सोनाली ने जो स्पेस रची है उसकी यातना यात्रा के प्रारंभिक छोर पर जब हम पहुँचते हैं तो दिखाई देती है नौ साल की पूरे गाँव में घूमती खेलती भटकती हँसती लड़ती चिढ़ती, चिढ़ाती चौथी कक्षा में पढ़ने वाली इस बालिका से पूरा गाँव गुलजार रहता। हर तीज त्योहार विवाह में उसे कथा कथन के लिए बुलाया जाता। हर प्रतियोगिता में प्रथम। पढ़ने में अव्वल पूरा गाँव उसे पलकों पर बिठाए रहता। एक दिन घर के लोग शादी में चले गये सोनाली और उसकी चचेरी बहन गाँव का फेरा लगाने निकल पड़ी बैलगाड़ी का पिछला हिस्सा पकड़ कर झूलने का लोभ संवरण न कर पायी, फिर बैलगाडी में बैल भी तो नहीं बँधे थे। बैलगाड़ी का पिछला हिस्सा पूरा का पूरा सोनाली की देह पर गिर पड़ा वह चिल्ला भी न पाई दोपहर का समय लोग भी कम थे। आधे घंटे के बाद

किसी की नजर पड़ी जो हल्ला मचा। पूरा गाँव इकट्ठा हो गया। खून नहीं बह रहा था तो चोट की गहराई का अन्दाजा ही नहीं हुआ किसी को। लोग बिठा रहे थे, खड़ा कर रहे थे। सोनाली का पैर जमीन पर नहीं पड़ रहा था। पेट फूलता जा रहा था। यूरिन ब्लॉक हो गया था। गाँव से दूर अस्पताल ले जाया गया। जहाँ डॉक्टरों ने ऑपरेशन किया। घर की माली हालत अच्छी न थी। सोनाली डॉक्टरों द्वारा अपने पैरों को निरन्तर ठोंके पीटे जाने के क्रम को देखती और चिढ़ जाती उसका चिढ़ना इस बात का था कि स्कॉलरशिप का फार्म तो भर दिया परीक्षा न दे पायी तो। तीन सप्ताह के बाद जब उसे डिस्चार्ज किया जाने लगा ज्यों ही बच्ची को बिठाया जाने लगा वह दर्द से भीग कर कराह उठी थी गाँव शिराला जाना स्थगित हो गया। फिर मुम्बई की ओर रवाना हो गयी। वहाँ चाचा रहते थे चौथी मंजिल पर। सोनाली को कैथटर लगा था। किडनी में पथरी हो गयी। पेट में स्टूल टोन बन गया। पेट दर्द करता था वह न खा पाती न उठ बैठ पाती। चौथी मंजिल से उसे चादर में लपेट कर ले जाते और ले आते। फिर सोनाली मंबई के 'हाजीहली चिल्ड्रेन आरथोपेडिक अस्पताल' में भरती किया गया। वहाँ किसी और को रहने की अनुमति नहीं थी। पहली बार सोनाली ने महसूस किया उसकी अपाहिजी अनाथपन भी ले आयी माँ पुणे एक साल ट्रेनिंग के लिए, पिता शिराला गाँव की ओर, बहन संपदा नानी के घर तिनका-तिनका आशियाना बिखर गया—

अश्क खूनाज हो चले हैं
गम की रंगत बदली है

—फैज

कैथटर निकाल दिया गया था। पैराप्लेजिक हो गयी थी। सोनाली का हृदय धड़कता समूची संवेदना के साथ। परन्तु कमर के नीचे

ज़िदगी ही नहीं थी। मृत हिस्सा चादर गीला करता रहता और जीवित हिस्सा आँखों को। हीक भर रो चुकने के बाद अब कोई चारा नहीं है रहना ही पड़ेगा हॉस्पीटल में। लेकिन हिन्दी तो आती ही नहीं। सोनाली कहती 'मला सू झाली आणि कपड़े ओले झाले आहे।' (मुझे पेशाब हो गयी मेरे कपड़े गीले हो गये है) कोई समझ न पाता परन्तु धीरे-धीरे उसे हिन्दी समझ में आने लगी डॉक्टरों का व्यवहार बड़ा अच्छा था। दीवारों पर तमाम प्राणियों के चित्र बनाये गये थे। खाना बड़ा अच्छा मिलता। सोनाली ने यहीं पर अंडा खाना सीखा। मरीजों के लिए छोटी-छोटी पार्टियों का आयोजन होता था। कभी हाजीअली दरगाह कभी, कभी सर्कस। वह सब जो हॉस्पीटल की कंडीशनिंग तोड़ता हुआ घर सा आभास देता था। सोनाली का रोना-धोना खत्म हो गया था। ज़िन्दगी उसे भाने लगी थी। अच्छा लगता फिर भी माँ-बाप की याद से कोई हिस्सा खाली सा लगता। कमर के नीचे संवेदना न होने के कारण न जाने कब बेड शोर हो गया पता न चला। जब पता चला तब सोनाली ने किसी को बताया ही नहीं क्योंकि उसे इंजेक्शन से डर लगता था। कैसी अजीब फितरत होती है बच्चों की भी इतना बड़ा हादसा भूला दिया था पर इंजेक्शन के भय से अपने को मृत्यु के द्वार पर पहुँच दिया। भला हो डॉक्टर चावला का जिन्होंने फैलते बेडशोर और सोनाली की देह से उठती दुर्गंध को लेकर पूरे हास्पीटल में हंगामा खड़ा कर दिया। सोनाली का इलाज शुरू किया गया। उसे 'जार' में रखा गया चार महीने लग गये ठीक होने में। लेकिन सोनाली ने यह ठाना अब कभी 'बेडशोर' नहीं होने देना। एक साल हॉस्पीटल में बीत गया एक अनकहा अनबोला रिश्ता। एक आत्मीय पाठशाला। ज़िन्दगी की पगडंडी पर पूरे साल के आगे की ओर बढ़ते अनगिनत चरणों की छाप। माँ-बाप लेने आये। दस वर्षीय बालिका ने सोचा वह जा रही है। अपने घर,

तब की बात और थी जब वह अपने पैरों पर चला करती थी पूरा गाँव उमड़ पड़ा था सोनाली को देखने के लिए वही सोनाली जो कभी दुलारी थी आज दया की पात्र बनी थी। गाँव वाले यह भूल गये कि इसने केवल कमर के नीचे की संवेदना खोई है वह तो उसे बहरा भी मान बैठे "अरे अब इसका क्या होगा?" "अरे लड़का होता गुजारा हो जाता लड़की का क्या करोगे?" 'शादी न हुई तो' 'बच्चा न हुआ तो।' 'हमारी लड़की होती तो हम खत्म कर देते।' 'माँ-बाप' ने न जाने कौनसा पाप किया था? दस साल सोनाली की मुँह बाये बकर-बकर उन्हें देखती। बस आँख भर आती वह मुँह घुमा लेती। घर वालों की चिन्ता थी कि चौथी की परीक्षा छोड़ कर गयी थी। घर पर ही परीक्षा की व्यवस्था की गयी सोनाली पास हो गयी। पाँचवी, छठीं की भी पढ़ाई घर पर ही की क्योंकि सोनाली दो घंटे से अधिक बैठ नहीं पाती थी। उसके बाद उसे लेटना ही पड़ता। वह परिश्रम करती रही दोनों साल अच्छे अकों से पास हो गयी। सातवीं तक आते-आते सोनाली के बैठने की क्षमता बढ़ गयी। वह स्कूल जाने लगी। बेंच पर बैठे बैठे पेशाब निकल जाती सोनाली को पता ही न चलता बेंच गीली हो जाती। क्लास मे खुसुर फुसुर इतनी बड़ी हो गयी शरम भी नहीं आती है। सोनाली ने स्कूल जाना छोड़ दिया, कैलिपर भी सह्य नहीं था। सोनाली ने अपने को चारदीवारी में बन्द कर लिया। पर पढ़ाई से नाता न तोड़ा। माँ भी नौकरी करती थी पिता भी परन्तु आर्थिक स्थिति सुदृढ न थी कर्ज लेकर टी.वी. खरीदी गयी। रेडियों किताबे और टी.वी. सोनाली यह एक समानातंर दुनिया थी। खुश थी सोनाली। माँ घर को सही ढंग से चलाने की मशीन हो गयी थी। सबका ध्यान रखना खास तौर का सोनाली पर सब कुछ सँभाले चली जा रही थी माँ धूप बारिश रोकती सी छतनार वृक्ष की छाँव बन कर। सोनाली दसवीं में आ गयी थी घर में बड़े ऊँचे

स्वर में पढ़ाई करती। कोई पड़ोसी मिलने आ जाये तो उसे भी अपने पाठ सुनाती मन ही मन सोचती स्कूल तो नहीं जा पाती हूँ। रिजल्ट खराब न हो जाय। रिजल्ट आया तो चौरासी प्रतिशत। स्कूल में टॉप किया। पुरस्कार मिला। चारों तरफ खुशियाँ तैर रही थी। पढ़ना है आगे बस और क्या? आगे की ज़िन्दगी को लेकर परिवार के मन बहुत आशंकाएँ थी पर सोनाली के मन में नहीं। अंग्रेजी विषय लेकर आगे की पढ़ाई करने की ठानी और सोनाली ने External B.A. किया। चचेरी बहन का मित्र राहुल कोल्हापुर से आया वह सोनाली का भी मित्र बन गया। एक बार उसने कहा, 'सोनाली आगे क्या सोचा है?' सोनाली ने कहा मतलब? मैं और पढ़ाई करूँगी। उसने कहा मान लो कल तुम्हारे माँ-बाप नहीं रहे तब। सोनाली की सारी जरूरते माँ-बाप पूरा किया करते थे। प्रश्न तो सोनाली के मन में भी उठता था पर वह उसका सामना करने से कतराती थी। जब दोस्त ने कहा तो सोनाली तड़प उठी। तब तक उन्हें कोल्हापुर की नसीमा हुरजूक की संस्था के बारे में पता चल चुका था। सोनाली को लगता वह बाहर गयी तो उसका क्या होगा? उसके गीले कपड़े अभी तक माँ-बाप बदलते थे। फिर भी माँ से यह कह कर तैयार हुई उसका मन नहीं लगा तो वह लौट आयेगी। नसीमा दी और देशपांडे जी उसका इंटरव्यू ले रहे थे। उन्होने पूछा गाँव में जाओगी? 'हाँ'। मन्त्रालय में 'हाँ'। अलग-अलग काम करोगी? 'हाँ' इंटरव्यू खत्म पत्र मिला चार जून को कोल्हापुर की संस्था में आ जाओ। साथ में सामान व कपड़े की लिस्ट क्या लाना है? क्या नहीं लाना? डर के मारे सोनाली के हाथ पाँव फूल गये। पेट बिगड़ गया। फोन किया 'नसीमा दी चार दिन बाद आऊँ तबियत खराब है।' मत आओ सपाट उत्तर। सोनाली विकल्पहीन अवस्था में वहाँ पहुँची। व्हील चेयरों का पूरा हुजूम देख कर सकपकायी। इतनी बड़ी संस्था में एक साथ इतने अपाहिज देखा

ही न था। सोनाली से पूछा गया तुम्हें क्या हुआ है? कमर के नीचे कुछ भी नहीं होता–"ओह, तुम तो Extremely Disable हो। सोनाली ने पहली बार यह महसूस किया कि वह बहुत ज्यादा अपंग है। सोनाली ने सोचा एक संस्था को इस तरह कि बात नहीं करनी चाहिए। संस्था में सोनाली नसीमा के साथ साथ पल्लू थामे दीदी-दीदी करते हुए रहने लगी। निर्भयता उसके स्वभाव में था। ईमानदारी उसकी प्रकृति। सोनाली के स्वाभिमान ने कभी गँवारा नहीं किया कि वह संस्था के पैसे से एक कप चाय पिये। इक्कीस साल की उम्र में निर्णय क्षमता, अटलता, स्वाभिमान के कारण वह भीड़ से अलग नजर आती। संस्था में सोनाली ने अपनी कार्यक्षमता से अपनी जगह बना ली थी। परन्तु संस्था में एक ही नियम प्रत्येक व्यक्ति पर लागू था। व्यक्तिगत स्वातंत्र्य रुचियों, अस्मिता व्यक्ति-स्वातंत्र्य के कोई मायने नहीं थे। मेधावी सोनाली घुटने लगी भीतर ही भीतर। पैराप्लेजिक मतलब सब कुछ खत्म। क्या कभी मेरी अपनी पहचान नहीं बन पायेगी? मेरी पसंद ना पसन्द की कोई कीमत नहीं। एक तरह से यह अस्तित्वहीन ज़िन्दगी है। इस तरह क्या जीना? केवल इसलिए कि मर नहीं सकते इसलिए जिये जायें? आप जिम्मेदारी पूर्वक अपनी क्षमता के साथ पूरे कार्य किये जायें पर निर्णय का अधिकार नहीं है आप को। संस्था में आये पत्रों का उत्तर देना। अनेक समस्याग्रस्त अपाहिजों के समस्याएँ सुनना, प्रेस नोट तैयार करना फंड रेंजिग करना, आनेवाले अतिथियों को संस्था की जानकारी देना, मेडिकल कम्पनी का काम देखना, मिनिट लिखना, मन्त्रालय के दौरे हेतु नियोजन करना। सांस्कृतिक कार्यक्रम के सूत्र संचालन की स्क्रिप्ट लिखना इतने कामों का बोझ। अच्छे कामों की कोई गिनती नहीं पर जो रह गया उसके लिए ऐसी तीखी फटकार कि आवाज की तेज झनझनाहट से कानों से धुआँ आँखों से पानी आने लगता। सोनाली उन लोगों

को देखकर हतप्रभ रह जाती जो कामचोरी की ज्वलन्त मिसाल थे परन्तु ज्यों ही कोई कार्यक्रम होता कोई बड़ा अतिथि आता तो वह न केवल मौके पर हाजिर हो जाते बल्कि दूसरों के कामों का श्रेय भी ले लेते। ऐसे लोगों के लिए यू.पी. में एक कहावत है 'पिसान पोत कर भंडारी बनना।' सोनाली का मन यह सब सह न पाता एक कोना तलाश कर जी भर कर रो लिया करती। किसी की भूल को अपराध की तरह मेहमानों के सामने प्रस्तुत करना, सार्वजनिक तौर पर अपमानित करना। संस्था के रिकार्ड में लाल स्याही से संदर्भित करना सोनाली का संवेदनशील मन यह सब देखना भग्नावस्था में पहुँच गया। स्वप्नमूर्ति खण्डित हो गयी थी। भंजित मूर्ति का अवसाद मन में गहरे धँस गया। क्या करूँ, कहाँ जाऊँ। शिराळा नहीं जा सकती क्यों कि अब वह माँ-बाप के समक्ष भी हाँ जी, हाँ जी करने वाली नहीं रही। कई बार वह चरम पर पहुँच आत्महत्या करने की सोचती क्योंकि सोनाली का मन सर्जक का था। वह कला प्रेमी थी, अच्छा पढ़ना, सुनना, गीत, संगीत, नृत्य भाषण। इन सबके लिए लिखित अनुमति लेना हजारों सवालों के जवाब देना। 'तुम्हारे मन में गाने सुनने या सिनेमा देखने का विचार ही कैसे आता है?' यह सुनकर सोनाली को लगता अनुमति माँग कर बहुत बड़ा अपराध कर दी। आत्मा परकटे परिन्दे की तरह तड़पती, ऊँची-ऊँची हरी-भरी डालें परिन्दे को आमन्त्रित करती। उड़ान भरने को। उड़ना सहजता थी परन्तु समय सहजता का विपर्यय रच चुका था। भारत का कोई संगठन कोई संस्था अपवाद नहीं। यह सब सुनकर मैं हँस पड़ी थी क्योंकि मैं अकसर कहा करती हूँ कि आज का सिद्धान्त हैं 'दस निर्दोष फाँसी पर चढ़ जाये कोई बात नहीं परन्तु एक गुनहगार पर आँच नहीं आनी चाहिए।' यह कहने के लिए नहीं कह रही न्याय की जर्जर छेदो वाली नाव में सफर करने वाले अनेक यात्रियों के डूबने

का मंजर देख चुकी हूँ। बस अपनी बारी के लिए बैठी हूँ। परन्तु डूबने से पहले एक बार कस कर पूरी शिद्दत से सोनाली की तरह लड़ना चाहती हूँ। सोनाली विसंगति के विरुद्ध खड़ी थी। वह संस्था से बाहर जाने का मन बना चुकी थी। बाहर निकलने पर एक छत की दरकार थी। आई-बाबा को एक लम्बा पत्र लिखा। वरिष्ठ सम्पादक पत्रकार उदयकुलकर्णी हर कदम पर सोनाली के साथ थे उनकी अनुभवी आँखें सोनाली के भीतर छिपी उर्जा को पहचान रही थी, उसके विकासानुकूल खाद पानी देने के लिए कुछ भी करने को तैयार थे–

यूँ तो हर एक बीज की फितरत दरख्त है
खिलते हैं, जिसमें फूल वो ओबोहवा भी हो

–निदा फाजली

माँ-बाप ने अंततः अनुमति दे दी। सोनाली ने अपने काम का स्वरूप देखते हुए छह महीने पहले राजीनामा दिया था परन्तु यह छह महीने उसे पागल कर देने वाले थे। काले पानी की सजा। यातना चैम्बर बन गया उसके लिए। हर वक्त उस की जासूसी की जाती। पेशी होती। यह सब सोनाली के धैर्य की परीक्षा थी। अपना एक अद्द घर चाहने के जिद्द की कीमत थी। बजट पाँच लाख का था। घर ग्राऊंड पर ढूँढ़ा अन्ततः घर मिला। उसका रंग और फर्नीचर सब का सब सोनाली के मन का। वह घूमने जा सकती थी सिनेमा देख सकती थी। वह पन्हाला के घिरते बादलों से टटकी बरसात के रस से सरावोर हो सकती थी गाती हुई "मैं हूँ मोरनी सखी री, चाँदनी में नहाती, पंख पसार आसमां को ढकती। मैं हूँ मोरनी सखी री।" सोनाली के लिए घर का मतलब अस्तित्व है घर जहाँ आप सब कुछ अपने हिसाब से कर सकें। घर मतलब स्वावलंबन। घर मतलब पेट भर मुक्त सांस ले पाना। सोनाली का घर ही उसकी उर्जा है। यद्यपि भय निकलने में थोड़ा

समय लगा। अरे! रात आठ बज गये कोई संस्था में रिपोर्ट कर देगा। नहीं, नहीं मैं अब अपने घर में हूँ आह! फैज की पंक्तियाँ सोनाली के आँखों की भाषा बन जाती–

गम के तपते सहराओं में
धुँधली सी राहत की चमक
या वे जाँ हाथों से हट कर
सिमटे से आँचल की झलक
दिल की शिकस्तों के अम्बार
वापस लौट आयी है, बहार।

नौ साल की उम्र में जो दुनिया सोनाली की थी। वही खोई दुनिया फिर ढूँढ लाई थी सोनाली अपने लिए। उम्र के बाईसवें वर्ष में समाज की मुख्यधारा से जुड़ने का दायित्व स्वयं के कंधों पर ले लिया था। अपंग व्यक्ति का घर कैसा होना चाहिए? यह देखने के लिए अनेक लोग उसके घर आने लगे। सोनाली कहती है मैं दूसरों के लिए प्रेरणा बनूँ इसलिए मैने यह सब किया ऐसा नहीं बल्कि मुझे स्वयं जीवन सुन्दर ढंग से जीने की इच्छा थी इसलिए ऐसा किया। मुझे लगा हाँ वृक्ष भी तो सहज अपनी खूबसूरती हेतु अपने पत्तों को छतनार कर देता होगा। उससे तपते हुओं का छाया भी मिल जाती है यह दीगर बात है। 'स्पर्शज्ञान' ब्रेल पाक्षिक पत्रिका की उपसम्पादक की दायित्व निवर्हण करती सोनाली ने कंधों अनेक सामाजिक कार्यों का वहन करते हैं। सोनाली का क्षितिज उसी के हाथों विस्तारित हुआ। वह घूमती भटकती सह्याद्रि की पर्वतीय शृंखला की चोटियों पर से चंपई सुरमई तांबई तमाम रंगों से खेलती है। उसका संवेदनशील मन चाहे 'आल द बेस्ट' (मराठी नाटक) हो, चाहे 'बर्फी' फिल्म हो देखते हुए अपंगत्व मूक बधिरत्व की हास्यस्पर्श दे दिया जाता है और श्रोता उसे मनोरंजन के रूप में लेकर हँसते हैं।' तड़पता है। सोनाली जीवन के सुन्दरतम पक्ष की

प्रवक्ता है। वह ग्रासरूट पर अपाहिजों के अपने स्पेस और व्यक्ति स्वातंत्र्य को लेकर काम कर रही है। अपंगों के लिए समान अवसर दिया जाना चाहिए। पुनवर्सन को ग्लैमराइज करने के बजाय। मीडियाई कवरेज होने के बजाय केवल काम करने में यकीन है। अपंगों के लिए किसने क्या किया? कि बजाय सोनाली को वह खुद अपने जीवन में, अपने जीवन के लिए क्या कर रहे हैं? इस पर सोनाली ज्यादा बल देती है। वह खुद भी तो, अज्ञेय के शब्दों में कहूँ तो नयी राहों की अन्वेषी हैं। सोनाली को जुगनुओं की रहबरी मंजूर नहीं–

हम मसलये खुर्शीद ले के निकले है
हमें कबूल नहीं जुगनुओं की रहबरी

–फजल तबिश

कृतिका
वह एक और मन रहा राम का जो न थका

कृतिका

अँधेरा तो सिर्फ देहरी पर है

एक दुबली काया, चंपई रंग, उजास हँसी मेरा स्वागत करती हैं। ग्रे टीशर्ट, धूसर जीन्स पहने मेरी ओर देखती है। मैं भी उसकी आँखों में देखती हूँ। कुछ क्षण बाद भान होता है यह देख नहीं सकती। दर असल, मेरी आवाज साध कर वह मेरी ओर देखती है। बाईस वर्षीय कृतिका मेडिकल में फाईनल इयर की छात्र है। वह फिजियोथेरिपिस्ट बनने वाली है। कृतिका ने केवल अपनी ज़िन्दगी को जंग नहीं जीती बल्कि भारत के प्रतिभा सम्पन्न नेत्रविहीनों के लिए संभावनाओं के अनन्त द्वार खोल दिये। सुप्रीम कोर्ट के जज ने कृतिका के पक्ष में फैसला सुनाते यही तो कहा था "अगर वह नये पथ का निर्माण कर रही है तो इसमें किसी को आपत्ति नहीं होनी चाहिए।" कृतिका के लिए यह रास्ता आसान नहीं था उसका हर कदम उसके कोमल पैरों की लहुलूहान करने वाले कंटको से

भरा था। दृष्टि नहीं थी कृतिका के पास परन्तु वह दृष्टि सम्पन्न थी। एक नये सूरज का सपना देख रही थी। कृतिका यह सपना ही उसकी शुरुआत थी...

न हो कुछ भी
सिर्फ सपना हो
तो भी हो सकती है शुरूआत
और वह एक शुरूआत ही तो है
कि वहाँ एक सपना है

–वेणुगोपाल

कृतिका आठ वर्ष तक सामान्य थी एक दिन कृतिका सुबह उठी तो एक आँख ने उसके साथ जागने से इनकार कर दिय। दूसरे दिन दूसरी आँख ने। दोनों आँखों ने रात की स्याही को अपने में बसा लिया हमेशा के लिए। डॉक्टर भी कुछ कर नहीं पाया। बच्ची ने बड़े साहस से इसे स्वीकार किया और आगे की पढ़ाई को लेकर चिन्तित हुई। माँ-बाप भी चिन्तित हुए। अब कृतिका को सामान्य स्कूल से निकाल कर अंध पाठशाला में ले जाया गया परन्तु वह पाठशाला मराठी माध्यम से था। कृतिका की पढ़ाई अंग्रेजी माध्यम से हुई थी। वह अंग्रेजी माध्यम से ही अपनी पढ़ाई जारी रखना चाहती थी। इसके लिए समाजसेवी श्वेता संघवी ने मदद की कृतिका के स्कूल गयी प्रिंसीपल को इस बात के लिए राजी किया वे कृतिका का एडमिशन रद्द न करें। प्रिंसीपल मान भी गयी। स्कूल केवल चौथी तक ही था। कृतिका को टीचरों का स्नेह साथियों का खूब सहयोग मिला। दिन बीत गये अब पाँचवी के लिए नये स्कूल में दाखिला लेना था। बहुत से स्कूलों में ठोकर खाने के बाद अंततः वी.वी.एम. हाई स्कूल (खार पश्चिम) ने एडमिशन देना स्वीकार कर लिया। इसी स्कूल से दसवीं पास किया कृतिका ने। माँ स्वयं पढ़ी लिखी थी। बहुत मदद करती थी कृतिका

की। कृतिका को तो फिजीयोथेरिपिस्ट बनना था उसके लिए विज्ञान लेना पड़ेगा। अभी तक किसी अंधे बच्चे को विज्ञान विषय के साथ कॉलेज में एडमिशन नहीं मिला था। कृतिका मुम्बई के टॉप कॉलेज 'रूपारेल' में पढ़ना चाहती थी। परन्तु वहाँ से कोई सकारात्मक उत्तर नहीं मिला। दो टूक झिड़की जाओ कुछ और करो आर्टस ले लो। कृतिका व उसके घर वालों ने बहुत हाथ जोड़े मिन्नतें की पर उन्होंने एक न सुनी। जूनियर कॉलेज में बीस नम्बर का प्रेक्टिकल था। बड़े हिल-हुज्जत के बाद इस आधार पर एडमिशन मिला कि अच्छे अंक न मिले तो एडमिशन रद्द कर दिया जायेगा। सौभाग्य से ग्यारहवीं में कृतिका के अच्छे अंक आये। (कृतिका बात-बात में अपनी सफलता का श्रेय भाग्य को देती है।) कॉलेज अब भी बारहवीं में एडमिशन देने के लिए तैयार नहीं। कहा जाओ 'महाराष्ट्र बोर्ड' का नियम लाकर दिखाओ। कृतिका अपने माँ पिता के साथ वाशी 'एच.एस.सी. बोर्ड' के कार्यालय गयी उन लोगों ने कहा आप चर्नी रोड उपसंचालिका शीला तिवारी जी के पास जाओ। कृतिका वहाँ गयी उपसंचालिका उस समय नहीं थी और उनके पी.ए. से बात करते समय मीडिया के लोगों ने सुन लिया कि 'रूपारेल कॉलेज बारहवीं में कृतिका को एडमिशन नहीं दे रहा है। पत्रकार स्वयं रुपारेल कॉलेज चले गये। क्यों प्रवेश नहीं दे रहो हो? रूपारेल के प्राचार्य ने कहा अगर उसके माता-पिता सहायक की व्यवस्था करें तो हम प्रवेश दे सकते हैं और किसी तरह मात्र छह महीने के लिए अस्थायी प्रवेश कृतिका को दिया गया। साथ ही ताकीद कि छह महीने के भीतर Blind Can do Science (अंधे विज्ञान पढ़ सकते हैं) का नियम नहीं लाया तो प्रवेश रद्द कर दिया जायेगा। कृतिका के माता-पिता ने महाराष्ट्र बोर्ड में अपील की पर छह महीने तक किसी प्रकार की हलचल नहीं हुई। कृतिका कि मदद कर रही नेहा त्रिवेदी और सैम

सर ने बोर्ड के डायरेक्टर से कहा कि कम से कम पाँच मिनट की एक मीटिंग तो लीजिए बोर्ड ने सुना और इस आशय का प्राचार्य को फैक्स भेजा कि कृतिका का प्रवेश रद्द न किया जाय। बोर्ड शीघ्र नियमावली अर्थात शासनादेश भेजेगा। कृतिका लड़ रही थी बाहर भी अपने भीतर भी क्योंकि परीक्षा का दिन नजदीक आता जा रहा था। कृतिका को बाहरी अड़चनों से लड़ते समय भी यह ध्यान रखना पड़ता था कि उसके अंक अच्छे नहीं आये तो संघर्ष शून्य हो जायेगा पता नहीं कृतिका को इतनी अकूत उर्जा कहाँ से मिलती? प्रैक्टिकल की अनुमति फैक्स आने के बाद मिल गयी और तय किया गया कि बीस अंकों का प्रयोग करवाने की अपेक्षा दो-दो अंकों के दस प्रश्न पूछे जायेंगे। कृतिका के लिए यह सूचना छोटी सी जीत परन्तु बड़े जंग का एलान था। आसान नहीं था यहाँ कुछ भी। रसायनशास्त्र के विभागाध्यक्ष ने सभी के सामने कहा "हे...तुम यहाँ क्या कर रही हो? किसने कहा तुमको विज्ञान पढ़ने को। तुम कुछ भी नहीं कर सकती? कृतिका के मन में अवसाद के लिए कोई जगह नही थी वह तो खुश थी कि फाईनली उसे परीक्षा तक कोई वैधानिक अड़चन नहीं आने वाली सो सर की बात को उसने दिल से नहीं लगाया। अब बारहवीं की परीक्षा के बाद C.E.T. देना था। (Common Entrance Test) मेडिकल प्रवेश परीक्षा हेतु भी कोशिश शुरू कर दी थी कि वे कृतिका को परीक्षा में बैठने की अनुमति प्रदान करें। व्यवस्था टालती रही। अंत में कहा यदि हमने परमीशन किया और आप अच्छे अंको से पास हो गयी तो हमें मेडिकल में प्रवेश देना पड़ेगा। अच्छा होगा आप कोर्ट जाओ वहीं से परीक्षा में बैठने और मेडिकल में एडमिशन होने की अनुमति लेकर आओ। हमने C.E.T. के अनुमति दी तो हम प्रॉब्लम में आ जायेंगें। कृतिका हाईकोर्ट पहुँची। चीफ जस्टिस धर्माधिकारी और जयंत पटेल ने कहा इसे परीक्षा में बैठने दो जब

वरीयता क्रम में आयेगी तो सोचेंगें। कृतिका के साथ उनके माता-पिता बराबर खड़े थे। अब तक उन्हें अपनी बेटी की जिद्द के पीछे का तर्क न केवल समझ में आया बल्कि सराहनीय भी लगने लगा था। कृतिका न केवल बारहवीं में अच्छे अंकों से पास हुई बल्कि C.E.T. में भी प्रथम दस की सूची में आ गयी। मेडिकल में प्रवेश मिलना अब भी 'नाकों चने चबाना' था। नहीं हम प्रवेश नहीं देंगें। इन्हें पढ़ाने के लिए हमारे पास टीचर नहीं है। ये डायग्राम कैसे बनायेगी? जिस संस्था के सहयोग से कृतिका का केस दायर किया गया था वह हर कदम पर साथ खड़ी थी। उन्होंने उभरे हुए डायग्राम जिसे छूकर समझा जा सके। और अमेरिका में बने मॉडलस मँगा कर रखे। दो महीने तक केस चला जस्टिस शाह और धर्माधिकारी थे। उन्होंने कहा यदि आप लोगों विद्यार्थी को नकारना ही था तो C.E.T. की परमीशन क्यों दी? अब यह टॉप टेन में आ गयी है तो इसका तर्क और इसकी लड़ाई सही है। इसे प्रवेश दिया जाना चाहिए। हाँ यह भी प्रवेश अस्थायी ही था। डिग्री कृतिका कर पायेगी या नहीं यह बात तो मँझधार में थी। लेकिन प्रवेश के बाद चार साल की पढ़ाई हो गयी है। अब वह फाईनल ईयर में हैं। अपने प्रोफेसरों साथियों मित्रें के साथ बेहद खुश। कई प्रोफेसर कृतिका की देह को केस बनाते हैं फिजीयोथेरिपी के लिए। इससे कृतिका भी महसूस करती। प्रो. रजनीश पांडेय को कृतिका जब याद करती है तो मानों उसकी आँखों की नमी उसके होठों पर तैर आती है। कृतिका ने क़हा उसे ब्रेन नहीं समझ आया रजनीश सर परीक्षा के तीन दिन पहले प्रयोगशाला खोल कर उसमें ले गये और तीन घंटे तक लगातार समझाते रहे। कृतिका ने कहा "पूरी तरह समझ में आया और मैंने परीक्षा भी दी।" अच्छे लोग भी मिलते रहे और दिक्कतें भी। कोर्ट के फैसले के बाद भी अड़चने आती रही। यह मृतक की देह जिससे मेडिकल छात्र सीखते

है। कैसे देखेगी? एक्सरे कैसे निकालेगी? ड्रेसिंग कैसे करेगी? कृतिका में गजब का धैर्य है। उसकी आवाज में खास ठहराव है एक सादगी भी। वह कहती है मैं मानती हूँ मेरी आँखे मेरी सीमाएँ बन गयी परन्तु मैं कुछ कर ही नही सकती ऐसा भी तो नहीं है। और अभी भी तो हास्पीटल में हमें पेशेंट देखना ही पड़ता है कभी किसी ने नहीं कहा "आप को दिखाई नहीं देता हम इलाज नहीं करवायेंगे।" यह तो सिद्ध हो चुका है कि मैं कुछ कर सकती हूँ। अन्यथा चौथे साल तक न आ पाती। व्यवस्था का काम है अवसर प्रदान करना। जो कर पायेगा वह अपना रास्ता बनायेगा। जो नहीं कर पायेगा वह नियति के सहारे बैठ जायेगा। कृतिका के चेहरे पर बड़ी महीन सी रोष की रेखा उभरते-उभरते विलीन हो जाती हैं। मैं सोचती हूँ वह कौन सी शक्ति है इसके भीतर जो उम्र के आठवे वर्ष से लगातार लड़ते लड़ते भी किसी के प्रति नकारात्मक रवैया नहीं आने देती। किसी की शिकायत करते वक्त संकोच से गड़ जाती है। कृतिका के पिता एक अनुभव सुनाते हैं। हमने जे.जे. हॉस्पीटल में देखा दिल्ली से एम.डी. के प्रवेश परीक्षा का फार्म भरने के लिए आया था। उसकी माँ स्वयं एक हास्पीटल में थी। लड़का एक भी डॉक्टर है। परन्तु क्लर्क ने उसे रोक रखा है। तीन घंटे हो गये। कृतिका के दर्द के टाँके खुल गये जब रूपारेल कॉलेज के क्लर्क ने उससे भिखारियों से बदतर सलूक किया था "नहीं नहीं तुम नहीं कर सकती। भागो यहाँ से।" हम लोग यहाँ यही कर रहें हैं "दिन-रात हम से ज्यादा तुमको नहीं पता।" कृतिका का दुख यही है कि शारीरिक रूप से यदि कोई पूर्ण नहीं हो पूरा समाज उसके लिए 'जजमेंटल' क्यों हो जाता है? ये यह नहीं कर सकती वह नहीं कर सकती, मनोबल बढ़ाने के बजाय लोग असे हत्सोत्साहित क्यों करते हैं? राज्य के सरकारी वकील से जज ने यही पूछा था "यह आप कह रहें हैं आपके पास

यह नहीं है, वह नहीं है, यह नहीं कर सकते, वो नहीं कर सकते तो आप के पास है क्या?'" सैम सर अदालत में टॉकिंग मशीन लेकर आये थे। I F D ने उसे बनाया था। इंग्लैंड से लोग देखने आये थे। कृतिका की वकील भी ब्लाईंड थी। अंत में जब उसने हाथ जोड़ कर कहा "मी लार्ड क्या अंधों को कुछ भी नहीं करना चाहिए?" वकील कंचन बबलानी के जुड़े हाथ आत्मा की अतल गहराइयों से फूटते बोल और चेहरे पर गिरते उठते भावों की उर्मियों को मैं केवल महसूस कर सकती हूँ। दसियों बार आँखों के सामने उस दृश्य को महसूस करती हूँ। कंचन बबलानी की झुकी ग्रीवा झुके नयन जुड़े हाथ। सोचती हूँ कैसी है यह शक्तिमति स्त्री। इस अँधेरे समय में भी न सपने देखने की आदत छोड़ी है ना लड़ने की। गोरख पांडेय की कविता में ढल कर कंचन बबलानी सहज जीवनदायिनी उर्जा बन जाती है–

ज़िन्दगी
जो कभी मात खाए नहीं
और खुशबू है
जिसको कोई बाँध पाए नहीं
खुबसूरत हैं इतने की बरबस ही जीने की
इच्छा जगा दें
कि दुनिया को और जीने लायक
बनाने की इच्छा जगा दे।

कृतिका के अंधे दोस्त भी यही कहते रहे कि क्यों लड़ रही हो कुछ नहीं होने वाला। आज वही कहते है–"हम तेरे साथ खड़े होते तो हमारी भी ज़िन्दगी नई मंजिल के साथ हमारा स्वागत कर रही होती। ऐसा नहीं था कि कृतिका की लड़ाई में बहुत लोग नहीं आये। परन्तु वह आना एक मीडियाइ ग्लैमर था धीरे-धीरे लोगों के रंग बदलते गये। और घटते गये (कृतिका की जिद्द बढ़ती

गयी) कृतिका को सफलता के बाद मेडिकल में दो अंधे छात्रों को और एक पैरों से अपाहिज छात्र को प्रवेश मिला। जज का कहना अक्षरशः सत्य उतरा कि कृतिका नया रास्ता बना रही हैं। पर ऐसा क्यूँ हैं जो चीजें सहज उपलब्ध होनी चाहिए वह चीज संघर्ष करके, लड़कर ही मिलती है। इसकी व्यथा कृतिका के चेहरे पर झलक जाती है। कृतिका की 'मैथ्स' और 'फिजिक्स' में कभी दिक्कत हुआ करती थी परन्तु आई.आई.टी. मुम्बई में एक सर थे मैंनेजमेंट और आई.आई.टी. की क्लासेस पढ़ाया करते थे। उन्हें कृतिका के बारे में पता चला अपने घर वह रविवार को ग्यारह से चार बजे तक बुला कर पढ़ाया करते थे इन दो महीनों में कृतिका के भीतर से 'मैथ्स' और 'फिजिक्स' का भय निकल गया। कभी एक कप चाय एक गिलास पानी के अतिरिक्त कुछ नहीं लिया। उन्हें 'यू.के.' जाना था उस दिन भी सर ने कृतिका को बुलाया और दो घंटे पढ़ाया। इसके बाद आज तक सर की न खबर मिली न पता। कृतिका व कृतिका के माता-पिता ने बहुत पता लगाने की कोशिश की। कृतिका के पापा का यह दृढ़ विश्वास है सर देवदूत थे आये और चले गये। निश्चित ही वह कोई सामान्य व्यक्ति नहीं हैं। इसी तरह कृतिका अपनी नानी की सहेली की बहू को भूला नहीं पाती जिन्होंने उसे संस्कृत पढ़ाया स्वयं उसकी शिक्षिका ने उसे अतिरिक्त क्लास में आने से मना किया था क्यों कि उन्होंने कहा था कि बीस अंक या उससे अधिक अंक होगें तो ही वह पढ़ायेगीं। कृतिका को उन्नीस अंक आये। लाख कहने के बावजूद वह शिक्षिका नहीं पसीजी। परन्तु नानी की सहेली की बहू ने संस्कृत पढ़ाया तो कृतिका ने पढ़ा भी अच्छे अंक भी लाए नवासी अंक (89/100)। संस्कृत की शिक्षिका का मन अपराधबोध से भर गया। 'फिजिक्स' 'मैथ्स' के सर की पढ़ाई स्वयं चर्च के सहारे हुई थी इसीलिए जो कुछ बेहतर मिला है।

उसको देने में उनका विश्वास था। कृतिका के मन में अच्छाई के प्रति अधिक आस्था है कृतिका अपनी दृढ़ इच्छाशक्ति के कारण ही यहाँ तक आ पायी। बहुत से बच्चो में प्रतिभा होती है परन्तु लड़ने का साहस नहीं। सारी ज़िन्दगी अपाहिजपन दूसरों की च...च्च...च्च सुनते गुजार देते है। कृतिका अपने माता-पिता के साथ किसी पार्टी में गयी थी पहली बार उसने साड़ी पहनी थी। कृतिका के सामने खाने की थाली परोसी गयी तुरन्त एक महिला ने कृतिका की माँ से कहा च...च...च...बेचारी को खिला दीजिए। कृतिका माँ ने कहा क्यों? वह खुद खाना खा सकती है उसका हाथ व्यवस्थित है। इस तरह के बेवजह दया दिखाने वाले लोग यह समझ ही नहीं पाते कि जिसे वह करुणा समझ रहे हैं दरअसल वह क्रूरता है। के.एम. हॉस्पीटल से नालासोपारा तक लोकल ट्रेन से जाना व आना मुम्बई की दौड़ती-भागती, गिरती-पड़ती हाँफती ज़िन्दगी के साथ ताल से ताल मिलाकर अथक उर्जा के साथ नाजुक कायावाली कृतिका चली जा रही है, आगे की ओर निरखती बढ़ती हुई। युग की शिला पर अपने चरणों के निशान बनाती हुई। अपने पैरों के नीचे संघर्ष के काँटो को रौंदते हुए ताकि दूसरों का रास्ता सुगम हो जाय। उसे शिकायत किसी से नहीं है। मैं पूछती हूँ 'कृतिका आगे क्या?' कहती है विदेश जाऊँगी पढ़ने के लिए पोस्ट ग्रेज्युशन वहीं से करूँगी। स्कॉकलरशिप का फॉर्म भर रही हूँ। मैंने पूछा कृतिका पढ़ाई पूरा करके लौटोगी न। "नहीं मैं भारत नहीं आना चाहती।" मुझे यह उम्मीद न थी। धक्क से रह गयी मैं अगले ही क्षण सँभल गयी। कृतिका किसी की शिकायत नहीं करती। व खुश भी रहती है। लेकिन दर्द तो दर्द होता है। कृतिका बचपन से ही लड़ती आ रही है। बड़ी कमजोर सी आवाज मेरे कानों से टकरायी यह आवाज वह नहीं थी जो नायकत्व के ढेर सारे पुरस्कार बटोर चुकी है। "मैम मैं लड़ते-लड़ते थक गयी

हूँ। अब लड़ना नहीं चाहती।" कृतिका भारत की सम्भवतः पहली अंधी लड़की है जो मेडिकल स्टूडेंट है। अपने देश को टूट कर प्यार करती है। उसकी जड़ें महाराष्ट्र के कोल्हापुर की मिट्टी के भीतर है। परन्तु सिस्टम की बेरूखी ने उसके भीतर तड़प भर दी है। इस तड़प से वह मुक्त होना चाहती है। दूर और दूर जहाँ उसके हुनर के कद्रदान हो जहाँ सिस्टम सहायक हो। जहाँ उसे लड़ने में अपनी उर्जा क्षरित न करनी पड़े। मैं चाहती हूँ उसे अपना देश लौटा ले। वह सब उसे अब दे जो उसका छीना है। कृतिका जो पायेगी उसका-दुगुना लौटाने की ताकत है उसमें। चाहती हूँ भारत की जनतांत्रिक व्यवस्था आने वाले कल के लिए हजारों लाखों उन प्रतिभावान कृतिका के समानधर्मा युवाओं के लिए एक ख्वाब बुने व साकार करें। साहिर लुधियानवी याद आते हैं–

आओ कि कोई ख्वाब बुने, कल के वास्ते
वर्ना ये रात आज के संगीन दौर की
डस लेगी जानो दिल को कुछ ऐसे कि जानो दिल
ता उम्र फिर न कोई हसीं ख्वाब बुन सके।

सुनीता पाटील

श्मशान जिसकी कर्मभूमि है।
मृतकों से भाई चारे,
आत्मीयता निभाने वाली,
अलौकिक दीपशिखा।

एक दिन बिक जायेगा माटी के मोल

मृत्यु की नाभि में ज़िन्दगी की मनोहर गन्ध

समय पता नहीं हममें से
किसको क्या दर्ज करेगा
हमसे यह तवक्को है कि,
हम अपने समय को दर्ज करें।

–अशोक वाजपेयी

रोशनी की यात्रा की मुकम्मल तस्वीर खींची नहीं जा सकती किसी टिप्पणी या लेख से। निर्मल वर्मा के कथन का सबब समझ में आने लगता है "क्या मैं एक ही समय में 'सच्चा' और 'कलात्मक' दोनों हो सकता हूँ? क्या हम पूरी ईमानदारी से जीवन के कच्चे माल को एक कलाकृति में परिणत कर सकते है?" निर्मल वर्मा, भाषा अपनी अपरूपता के साथ जिनकी संगिनी है। जीवन भर ऐसी भाषा देते रहे कि पंक्ति दर पंक्ति न जाने कितनी बार लौट

लौट कर हम लोग थम कर निहारते ही रह जाते है एक-एक शब्द। जब उनके लिए जीवन की कलाकृति तक की यात्रा कठिन है। तब हम जैसे साधारण लोगों की बिसात ही क्या? हाँ यह सच है कि, प्रयत्न हो कि हम अपने समय को दर्ज करें। परन्तु 'घोर स्त्री विरोधी निर्लज्ज समय', नृशंस बलात्कारों से पटा इक्कसवीं सदी का यह आरंभ किसी कलाकृति में ढल कर भी अंततः अवसाद की ओर ही ले जायेगा। सामने टी.वी. पर पुलिस कमिश्नर बयान दे रहें हैं—"हम बलात्कार नहीं रोक सकते।" सुनकर तकलीफ और बढ़ जाती है क्योंकि उनके कहना यूँ ही नहीं है—'अगर आप का पड़ोसी चार साल की बच्ची का बलात्कार करता है तो हम कैसे रोक सकते हैं? (उस बच्ची की देह ही नहीं दिमाग भी बुरी तरह से क्षतिग्रस्त हो गया है वह मौत से जूझ रही है।) हम अपने समय में, समय से भागते हुए एक ऐसे समय के टुकडे की तलाश करते हैं। जिससे मिलकर सांस लेना आसान हो जाये। जीना केवल बेहयायी बन कर न रह जाये। समय का एक ही ऐसा टुकड़ा मुझे मिला नाशिक के 'अमरधाम' के पास अर्थात श्मशान भूमि गोदावरी तट पर। यहीं मेरे पिता की अस्थियाँ भी प्रवाहित की गयी थी। मैं खड़ी हूँ। हवा में नमी तैर रही है। मेरे लिए कुछ पल केवल व्यक्तिगत हो कर रह गया। उससे उबर कर, मैं लौटती हूँ, उनके पास जिनकी चाहत तपती बीमारी में मुझे खींच लायी।

मृत्युगन्ध कैसी होती है
यदि जानना चाहते हो तो
मेरे पास आओ बैठो...

—कुमार विकल

मृत्युगन्ध से सुवासित मृत्युभय से उबारती एक तरल ममत्वमयी मूर्ति जिसकी छोटी सी दुकान गोदावरी तट पर श्मशान भूमि के किनारे पर स्थित है। अन्तिम संस्कार की सामग्री से सुसज्जित

है। सुनीता पाटील जिसकी ज़िन्दगी की यात्रा को सहज ही कहा जा सकता है कोई खास कठिनाई नहीं। हाँ गरीब वह अवश्य थी। या यूँ कहा जा सकता है कि, अब भी है। अभी-अभी उसे दूरदर्शन ने 'हिरकणी' पुरस्कार से सम्मानित किया। सुनीता नाशिक में रहती है। पुरस्कार मिलना था पूना में। परन्तु पूना आने के लिए तो पैसा ही नहीं। 'उत्तम कांबले जी' के हस्तक्षेप से दूरदर्शन ने आने-जाने का इन्तजाम किया। पर सुनीता की शुभ्र, धवल, निश्च्छल मृत्युजयी हँसी इसे संघर्ष नहीं मानती और हमारे लिए रास्ता सुलभ कर देती है। परन्तु जो कार्य उसने चुना। जिस राह पर वह चल निकली उसने हिंदुस्तान ही नहीं सात समन्दर पार भी लोगों को चौंकाया। "हलो...हमने जो सुना है, वह सही है क्या? तुम सचमुच यह करती हो...हाँ...औरत होकर हाँ...उधर जो कोई हो चेहराविहीन रूलाई की ध्वनि यन्त्र (फोन) को झकझोरती हुई सुनीता के कानों तक आ पहुँचती है।

मैं यहाँ उसी सुनीता की दुकान पर हूँ। और सुनीता के साथ श्मशान भूमि में जाती हूँ। पहली बार इतने नजदीक से श्मशान देखा। यह केवल फिल्मों में देखा था। इसके नाम मात्र से एक अबूझ भय का निर्माण मेरे भीतर होता था। अरे यह तो इतना डरावना भी नहीं। बिजली से और पारम्परिक तरीके से भी यहाँ शव का दाह संस्कार किया जाता है। चारों तरफ चिताएँ हैं कुछ ठंडी हो चुकी हैं, कुछ धधक रही हैं, कुछ सुलग रही है। सभी समान गति को प्राप्त हो रही है। राख हुई चिताएँ गोदावरी में बही चली जा रही है। जीवन एक अनर्गल प्रलाप है। मृत्यु स्मित मुस्कान वाली विश्रांति। यहाँ खड़े होने वाले हर शख्स के भीतर यह भाव आना लाज़िमी है। श्मशान भूमि में बच्चे गेंद खेल रहे हैं। गेंद कई बार राख की ढेरी में भी जा गिरती है, वे दौड़ते हुए उठा लेते हैं। दरअसल दिन रात शव और उसकी कर्म क्रियाएँ देखते

हुए वे बच्चे भय से ऊपर उठ कर सचमुच ज़िन्दगी की सही लय पा लेते हैं। जीवन से मृत्यु तक का सफर खौफ़ है। मृत्यु आशंका से हर पल ग्रस्त। जहाँ श्मशान अशुभ है, मुर्दा भय पैदा करता है, परन्तु जिन लोगों का बचपन श्मशान में खेलते-कूदते टिफिन खाते बीता हो वे मृत्यु से ज़िन्दगी की ओर अग्रसर होते हैं। खुश और खुश उनकी ज़िदगी जीवन और मृत्यु के मध्य अर्थात अँधेरे से अँधेरे तक रोशनी की यात्रा बन जाती है।

भय के बीच अभय का नाम सुनीता पाटील है। कर्म में ही आत्मा की मुक्ति है। कर्म में ही आनन्द। वह भैरवी नहीं, वह तांत्रिक नहीं फिर भी श्मशान भूमि में वह रात्रि में स्वच्छन्द विचरण करती है। रहस्य का कोई अंत नहीं। मानव की शक्ति अपरिमित है, मानव मन जटिल है। अपनी शक्ति के कारण कुछ लोग सारे नियमों को तोड़ 'भूमा' को प्रत्यक्ष कर लेते हैं। पाँच भाई-बहनों के साथ आर्थिक बदहाली में पली-बढ़ी सुनीता मृत्यु के संस्कार सामान बेचते-बेचते बड़ी हुई। कब और क्यों उसके मन में आया कि दाह संस्कार के लिए आये शवों का वह शृंगार करना शुरू कर दे। वह इंसानी मृत्यु को सम्मान दे और एवज में कुछ न ले। जो कुछ उसके मन में आया उसको दबाने की बजाय अमली जामा पहनाना सुनीता ने शुरू कर दिया। श्मशान उसका आत्मीय इलाका था। सो शुरू-शुरू में उसने अनुमति लेकर 'शवों' की घी से मालिश करनी शुरू कर दी। पोर-पोर की मालिश मानो कोई माँ अपने बच्चे के शरीर को बलशाली बनाना चाहती हो। रस्सी से बाँधे गये शरीर को पहले मुक्त करना फिर उँगलियाँ सहित सारे शरीर की अकड़न को मुक्त करना जकड़ और अकड़ के रास्ते गुजर कर मृत देह नरम और संवेदनशील हो उठती है। तब उसकी मालिश एवं शृंगार कर वह देह परिजनों के हवाले कर मुड़ जाती है, अपने घर की ओर। उनकी यह सेवा सभी को आश्चर्यलोक

की सैर करा देती है। जो भी सुनता, जानता सभी लोगो के लिए सुनीता आश्चर्य और सम्मान का पात्र बनती गयी। अब दूर-दूर से भी लोग सुनीता दीदी के पास आने लगे। शवों के सम्मान के खातिर उनके पास लोगों की लाईन लगने लगी। अब तो उनके इस काम में परिवार वाले भी उनकी मदद करने लगे। सुनीता के पास अपने इस काम के बहाने अलग-अलग अनुभवों का भण्डार इकट्ठा हो गया। कई बार तो इधर लाश को मुखाग्नि दी। उधर प्रापर्टी, गहनों को लेकर झगड़े शुरू कर देते थे लोग। भाई-भाई, भाई-बहन पति-पत्नी। किसी की आँखों में एक बून्द आँसू तक नहीं। ऐसे समय में सुनीता को बहुत तकलीफ होती है। वह कहती हैं, ज़िन्दगी भर कोई व्यक्ति इन्हीं परिजनों के लिए धन इकट्ठा करता है और वे मृत्यु पर दुखी भी नहीं होते। सुनीता जब भी इस तरह के वाकूयों से व्यथित होती हैं, तो श्मशान में घंटों अकेले बैठती हैं और असीम शान्ति से भर कर लौटती है।

कत्ल की हुई टुकड़े-टुकड़े, लाश, एडग्रस्त गली हुई प्लास्टिक में लिपटी मृत शरीर, आग में पूरी तरह झुलसी हुई लाश। कोढ़ीग्रस्त काया, दुर्घटनाग्रस्त क्षतविक्षत शरीर। सुनीता के मन में सभी के लिए वही स्नेह वही सम्मान। जो भी पहली बार सुनीता के काम के बारे में सुनता, देखता, और जानता है। वह सो नहीं पाता। स्वयं आँखें तरल हो जाती हैं। लोग फोन करते है "आप स्त्री होकर यह सब करती है, हमें विश्वास नहीं होता।"

एक शव की मालिश सुनीता कर रही थी। ज्यों ही वह अपने कार्य से मुक्त होकर खड़ी हुई। मृतक का पिता दहाड़ मार कर बेटी कहते हुए सुनीता के पैरो पर गिर पड़ा। उनका रोना ही न रुके। थोड़ी देर बाद हिचकियाँ बँध गयी वह बताने लगा। बीमारी के कारण मेरे बेटे के बच्चे और बीवी दोनों उसे छूते तक नहीं थे। रोटी भी ऊपर से भीख की तरह देते थे। तू तो उसकी कोई

नहीं फिर भी उसकी मरी देह का इतना सम्मान।" सुनीता ईश्वर के प्रति कृतज्ञ हो उठती है। उसने ही तो यह रास्ता सुझाया। सुनीता कहती है, जीवित व्यक्तियों की सेवा तो किसी न किसी तरह हो ही जाती है, परन्तु मरे व्यक्ति को हाथ लगाने से भी लोग डरते हैं। मैं अपना सम्बन्ध मृत व्यक्तियों से जोड़ती हूँ। मेरे लिए श्मशान तन्त्र-मन्त्र, सिद्धि फिद्धि, की जगह नहीं है बल्कि अध्यात्मिक शान्ति की जगह है।

मेरे यह पूछने पर इस काम में कभी कोई आहत करने वाला अनुभव हुआ आपको। सुनीता ने कहा 'हाँ'। बहुत लोगों ने कहा बाई (औरत) होकर यह काम करती हो, शोभा नहीं देता। छोड़ दो। और कई बार तो ऐसा हुआ की शव का शृंगार करने के बाद मुझसे कहा जाता है दूर हटो। अब हाथ मत लगाओ, औरतों को नहीं छूना चाहिए। तब बहुत अपमान सा लगता है। आँखें भर आती हैं। फिर भी एक जिद्द कि जब तक जीवित हूँ। यही करूँगी। पैसा नहीं चाहिए बस आशीर्वादों का लोभ है और वह मिलता भी खूब है। एक लड़के ने सुनीता को फोन किया कि "मैने आत्महत्या का पूरा मन बना लिया था परन्तु आपके काम के बारे में अखबार में पढ़ा तो जीने का संकल्प किया और दूसरों की सेवा करने का भी।"

सचमुच यह औरत जीवित प्रेरणा है। स्वयं में संगठन है। स्वयं में संस्था। बहुत थोड़ा धन, ढेर सारा सन्तोष, अविश्वसनीय कर्म ने सुनीता को जापान, अमेरिका, अफ्रीका तक पहुँचाया। दूर-दूर से लोग आते हैं। सुनीता से मिलने और जो भी आता है। एक बार उसके गले लग रो ही लेता है। क्यों रोता है उसके पास आने वाला हर शख़्स ना तो इसका जवाब सुनीता के पास है। ना रोने वाले के पास। बहुत से लोग सुनीता को कहते है "हमे लगता है, हमारे माँ-बाप जीवित हैं आप के पास। इतनी श्रद्धा है सुनीता

को लेकर कि छह-छह, सात-सात घंटे शव लेकर लोग सुनीता की प्रतीक्षा करते है। इस तरह की सेवा करने वाली भारत की एक मात्र महिला है। सुनीता की उम्र अट्ठाईस से तीस के बीच में ही होगी सुन्दर सीधी भली गाय सरीखी। इसी सुनीता के भीतर एक रूढ़िभंजक विराट स्त्री का दर्शन कर मैं भौचक्क होती हूँ। भीतर पीड़ा की तेज लहर उठती है, कि काश पिता की मृत्यु के समय पता होता तो यूँ ही पिता को न जाने देती। अंतिम बार पिता को सुनीता के पास अवश्य सौंप देती। इत्र, फुलेल पान और कुश्ती के शौकीन पिता की 'पार्थिव देह' का ऐसा सम्मान मुझमें रूहानी सुकून भर देता।

सेवा का यह भी रूप हो सकता है सुनीता न मिलती तो मैं कभी ना जान पाती। नाशिक का बच्चा-बच्चा कहता है "सुनीता ताई नाशिक की शान है।" सचमुच अपने अभावों के बावजूद सुनीता धरती है, कुछ यूँ–

क्योंकि यह धरती
लाख दुखों के बावजूद सुखदा है
इसके पास बहुत बड़ी सम्पदा है।

–कुमार विकल

वर्षा देशपांडे

बात निकली है, तो दूर तक जायेगी।

वर्षा देशपांडे

'एक लौ इस तरह क्यूँ बुझी मेरे मौला'

जीने की हर तरह से तमन्ना हसीन है
हर शर के बावजूद दुनिया हसीन है
दरिया की तुन्द बाढ़ भयानक सही
तूफाँ से खेलता हुआ तिनका हसीन है

–जाँ निसार अख़्तर

कहते हैं, उनकी कदमों की आहट से तमाम अस्पताल अपने गेट पर ताले लगा लेते हैं। व्यक्तिगत दवाखाने अपना 'शटर' गिरा लेते हैं, कितने डॉक्टर लिंग जाँच से तौबा कर चुके हैं। कितनी कन्याएँ काल के गर्त में न समाकर इस दुनिया में आ चुकी हैं। तूफाँ से खेलते हुए इन हसीन तिनकों की रहबर हैं, वो। जी हाँ मृत्यु के प्रतिरोध का नाम हैं, वर्षा देशपांडे। कन्या भ्रूण हत्या के ठेकेदारों के लिए साक्षात दुर्गा हैं, वर्षा। गिरीश मिश्र लिखते

हैं—"यह भी नोट करने की बात है, कि देश के सबसे समृद्ध राज्यों महाराष्ट्र पंजाब गुजरात में बेटियों की संख्या बेटों की तुलना में बिहार, झारखंड, उडीसा, छत्तीसगढ़ और मध्यप्रदेश की अपेक्षा काफी कम हैं। स्पष्ट है, शिक्षा और समृद्धि की दृष्टि से आगे दिखने वाले राज्यों और व्यक्तियों का दृष्टिकोण कहीं अधिक अमानवीय हैं।" (आज का भारत, पृ. 184) 1981 से 1991 दस वर्षों में तीन करोड़ से ज्यादा स्त्रियाँ लुप्त हो गयी हैं। कहीं किसी को पश्चाताप नहीं। बेटी बचाओ का नारा देने वाले लोग भी बड़े सर्द तरीके से इन गर्भ कन्या की हत्याओं में शामिल हैं। इसीलिए वर्षा या और उनकी टीम को निरन्तर विरोधों धमकियों और घेरावों का सामना करना पड़ा है। मैने उन्हें देखा, मैंने उनके काम को देखा। मैं हर स्त्री की ओर से और हर उस पुरुष की ओर से जो स्त्रीत्व के सम्मान के पैरोकार हैं, वर्षा जी को बहुत सारा प्यार और सभी साथियों का समर्थन सौंपती हूँ। लोग कहते हैं भारत जगतगुरु है। भारत महान है। बुद्ध की करुणा का भारत, महावीर की शान्ति का भारत, गाँधी की अहिंसा का भारत, फूले की शिक्षा का भारत, अम्बेडकर की समता का भारत 'कहो न गर्व से हम भारतीय हैं।' मैं तो स्त्री हूँ। बचूँगी तब तो कहूँगी। लाशों के ढेर पर खड़ी होकर राष्ट्रभक्ति का गीत कैसे गाऊँ? भ्रूण लिंग परीक्षण दुरूपयोग सम्बन्धी विधेयक धारा 4, 5, 9, 17, 18, 22, 23 और भी तमाम योजनाओं के बावजूद गर्भ एवं गर्भ से बाहर कन्या भ्रूण और कन्या शिशु की हत्याओं के आकड़ों में इजाफा होता गया। मर्ज बढ़ता गया ज्यों-ज्यों दवा की। सभी की मनासिकता होती है महत्त्वपूर्ण सहेज लो और फालतू फेंक दो। स्त्रियाँ महत्त्वपूर्ण नहीं ही होती है न। प्रति वर्ष दस हजार कन्या भ्रूणहत्या व प्रतिदिन 54 बलात्कार तो यही बताता है।

42 स्टिंग आपरेशन करने वाली वर्षा देशपांडे अनेक तुर्रमखानों

की दुकानदारी बन्द करवा चुकी हैं। यह महाराष्ट्र ही नहीं बल्कि पूरे भारत के स्त्रियों के लिए गर्व बन चुकी हैं। वर्षा देशपांडे ने बहुत नजदीक से देखा है। डॉक्टर पूँजीपति और नेताओं का स्वार्थ समीकरण बकौल मुक्तिबोध यानी अपराधियों का संयुक्त परिवार।

वर्षा के इस बेखौफ व्यक्तित्व के सफरनामें पर नजर डालते हैं। एक ऐसे घर में वर्षा की परवरिश हुई जहाँ दो विपरीत विचारधाराओं के प्राणी, एक छत तले पति-पत्नी की तरह रहते थे, पिता आर.एस.एस., माँ गाँधीवादी, पिता गाँधी और गाँधीवाद दोनों को एक सिरे से खारिज करने वाले है। गाँधी हत्या के पश्चात होने वाली हिंसा के शिकार बने थे वे उनका घर-बार लूट चुका था वे विस्थापित हो चुके थे। और इसका कारण वो गाँधी को मानते रहे। घर में बहस नहीं होती, बल्कि बहस की आँधी-पानी आती। शनिवार को 'संघ' में वर्षा जाती। एक तरफ संघ दूसरी तरफ सेवादल इन्हीं के बीच में राजनीतिक खाद-पानी में विचार और विचारकों के भाषणों के प्रकाश में वर्षा का स्वतन्त्र अस्तित्व पनपता रहा। दो विरोधी विचारधाराओं ने उन्हें कुंद नहीं किया बल्कि उनकी धार तीक्ष्ण होती गयी। बच्चों का झुंड भी उन्हें आसानी से अपना नेता मान लेता कारण उनकी दबंगई। अब वर्षा दसवीं कक्षा में पढ़ने वाली वयसंधि पर पहुँची किशोरी थी, इधर भारत में आपातकालीन स्थिति लागू हो गयी थी। माँ 'बेलगाम' में शिक्षक थी पिता जयप्रकाश नारायण के आन्दोलन के सक्रिय कार्यकर्ता थे। पुलिस उनके पीछे पड़ी थी। महाराष्ट्र की पुलिस पीछे पड़ती तो बेलगाम (कर्नाटक) चले जाते और कर्नाटक की पुलिस पीछा करती तो महाराष्ट्र चले आते। पहली बार वर्षा ने घर में सर्द चुप्पा खौफनाक माहौल देखा। साथ ही इस सर्द माहौल में राहत देनेवाली उष्मा एक ही थी पिता की कट्टरता कम हो रही थी। जय प्रकाश का प्रभाव था वरना वह तो इस पक्ष में थे

कि सारे मुसलमानों को पाकिस्तान चले जाना चाहिए। 'टपका' देना चाहिए। नेहरू के खिलाफ नारेबाजी में शरीक होते। यही वो समय था जब कांग्रेस की पराजय हुई। जनता दल विजयी हुआ। मोरारजी देसाई प्रधानमन्त्री बने और इंदिरा जी एक दिन के लिए जेल गयीं। एक लौह औरत के जेल जाने पर माँ रो रही थी पिता पेड़े बाँट रहे थे। वर्षा पहली बार असमंजस में थी। पहली बार तथ्य, तत्व, सत्य, भ्रम के गुंजलक में घुटन महसूस हो रही थी। पहली बार भीतर की लड़ाई से आहत थी। पापा की घृणा पूरी तरह बेजां तो नहीं? रही बात मुसलमानों की तो वर्षा घर काम करने के लिए महमूद आता था। महमूद को घर के भीतर प्रवेश नहीं था। महमूद ने वर्षा की कभी रसोई नहीं देखी। अस्पृश्य समझी जाने वाली जातियों के साथ भी घर वालों का दुराव वर्षा को कचोटता। महमूद घोड़ा पर आता। वर्षा को हिरो लगता। वह महमूद के साथ घोड़े पर बैठ जाती गालियाँ खाती। ब्राहमण की बेटी होकर मुसलमान के साथ घुडसवारी करती है। स्कूली जीवन भेदभाव खत्म करने के पाठ्यक्रम पर आधारित था और घर में मुसलमानों के लिए अलग बर्तन। दलितों के लिए अलग बर्तन। अनादर, भूख दमन, विक्षिप्तिता का शिकार बनती अपनी ही मानव जाति का बृहद हिस्सा यह देखकर एक अजीब पीड़ा से वर्षा कूथती। वह न समझ पाती कि इस पीड़ा से निकलने वाली रोशनी ही मानव जीवन को आलोकित करेगी। वर्षा दो भाषाओं को एक साथ, एक तरह से जी रही थी मातृपक्ष की भाषा कन्नड़, पित्तृपक्ष की भाषा मराठी। सहज ही उसे अपने भीतर दो भाषाओं, दो संस्कृतियों के संगम से नई दृष्टि मिल रही थी उसे लगता यदि वह केवल मराठी भाषा या महाराष्ट्रियन संस्कृति में पलती तो इतनी समृद्ध कभी न होती। वर्षा 'बेलगाम' की सीमा को लेकर होने वाले विवादों आन्दोलनों की भी साक्षी रही है। बचपन में अपनी ही स्कूल की खिड़कियों की काँच तोड़ कर

उसे लगता मराठी के लिए कुछ किया उसने। वर्षा उस याद से गुजरती हुई कहती है दूसरे दिन हमारी शिक्षिका कन्नड़ मिश्रित मराठी में कहती कल तुम लोगों ने काँच तोड़े। आज जाओ काँच वाले को बुला लाओ। इस तरह विविध आन्दोलनों, राजनीतिक उठापठक के समय में वर्षा देशपांडे का युवाग्रुप बना जो कला और संस्कृतिधर्मी था। सिनेमा, नाटक, स्त्री मुक्ति के आन्दोलनों 'मुलगी झाली हो' (लड़की हुई है) और एन.एस.एस. के जरिये पूर्णतः सामाजिक जीवन जी रही थी। परन्तु इस काम के प्रति कमिटमेंट नहीं थी उनकी। बस अल्हड़ता में कुछ विधायक होता जा रहा था। एन.एस.एस तो इसलिए कि लड़के लड़कियों को एक साथ कहीं जाने का अवसर नहीं मिलता था। 'एन.एस.एस.' के बहाने लड़के-लड़कियाँ साथ जाते थे। एक बार बाढ़ के बाद बाढ़ग्रस्त इलाके में माँग कर इकट्ठा की गयी ट्रक भर सामग्री बाँटने 'एन.एस.एस.' ग्रुप गया तो दस मिनट में सामान खत्म। कतार ज्यों की त्यों बनी रही। पहली बार स्थिति की गम्भीरता का अन्दाजा हुआ वर्षा को और मजाक एक झटके से खत्म। अल्हड़ता खत्म। अब जो कुछ करना है बस गम्भीरता से। 'जाति व्यवस्था' और 'स्त्री मुक्ति' दो अहम सवाल पर फोकस किया वर्षा ने इन दोनों सवालों को हल किये बिना समाज परिवर्तन सम्भव ही नहीं। वर्षा को कोफ्त होती है कि इन दोनों मुद्दों को भारतीय राजनीति, भारतीय शासन ने अनदेखा किया है। भारतीय शिक्षा, स्त्री समानता, जाति अन्त के अग्रदूत ज्योतिबा फुले ने इस मुद्दे पर जितना काम किया उतना किसी ने नहीं। ऐसी समावेशी दृष्टि भी कहाँ थी किसी के पास? इस मुद्दे पर दुबारा काम बाबा साहेब आंबेडकर ने शुरू किया। दलित और स्त्री परन्तु यहाँ भी स्त्री पीछे ही रह गयी। ज्योतिबा ने सावित्रीबाई को पढ़ाने की बात हो या किसानों की समस्या हो। दलितों के लिए अपने घर का पानी खुला करना हो

या यशवंत को गोद लेने की बात हो। धार्मिक सामाजिक और जातिगत चुनौतियों का न केवल सामना किया बल्कि एक रचनात्मक आन्दोलन खड़ा किया। ज्योतिबा फुले के 'बहुजन हिताय, बहुजन सुखाय' वाली दृष्टि ही वर्षा ने अपनी आत्मा में बसा लिया। वर्षा कहती है, कि ऐसा नहीं कि आन्दोलन नहीं हुए परन्तु दलितों, स्त्रियों, अल्पसंख्यकों के अलग-अलग आन्दोलन हुए। बस वह इसी काम को सम्पूर्णता में करना चाहती थी। वह ज्योतिबा से छूटी कड़ी जोड़ना चाहती थी। वह बी.काम. की छात्र थी अब। सबसे पहले स्वयं के स्तर जातिगत बन्धन को तोड़ना चाहती थी। घर में प्रबल विरोध था। इसी दौरान पापा की मृत्यु हो गयी। वर्षा ने छोटी सी नौकरी शुरू कर दी। माँ ने कभी कोई निर्णय लिया ही नहीं। वर्षा अपने घर की भी अभिभावक बन गयी। स्त्री मुक्ति ग्रुप के लिए 'प्रतिशब्द' नामक लायब्रेरी शुरू की। पत्रों के जरिए बहुत सी कम्पीलीमेंट्री पत्रिकाएँ इकट्ठी की। स्त्री मासिक की सम्पादक विद्या बाळ से भी सहयोग मिला। सब युवा सहेलियाँ अपनी लाईफ को बड़े प्रोग्रेसिव तरीके से सोचती थी उन्हें अपनी लायब्रेरियन साथी बडी भाया करती थी घरवालों की मर्जी बिना ब्याह। गले में मंगलसूत्र नही, पाँव में बिछिया नहीं, माथे पर बिन्दी नहीं। हाथों में चूड़ियाँ नहीं। पर इस सादगी को समाज बड़े सन्देह से देखता था। उनके चरित्र पर लांक्षन लगाता। वर्षा और उनकी सहेलियाँ अपने को उसी तरह का जीवन जीने के लिए और दृढ़ पाती। शादी करनी है। सहजीवन जीना हैं। पति को मेरे देवता या खुद को तुम्हारी चरणों की दासी के प्रथायी केंचुल को भस्म करते हुए नयी त्वचा, नई ताजगी के साथ। अब इस सोच का लड़का कहाँ मिले? यह न तो पारम्पारिक शादी का मसला था। नहीं बागी (प्रेम विवाह) शादी का मसला। मसला था सम विचार विवाह का। तभी इन लोगों की नज़र 'स्त्री' पत्रिका के एक वैवाहिक विज्ञापन पर गयी।

राशि "नहीं देखना, जाति न लिखें, फोटो न भेजें, अपने विचार अवश्य लिख भेजें। जो पूर्णतः समाज के प्रति अपने को समर्पित कर सके वही लिखे। मैं प्राध्यापक हूँ सपोर्ट करना चाहता हूँ।" वर्षा और सहेलियों ने प्रभावित होकर एक अभिनंदन पत्र डाला पोस्टबॉक्स नं पर। फिर धीरे-धीरे वर्षा और प्राध्यापक संजीव के बीच पत्रों का सिलसिला जारी हो गया। संजीव की तुलना अगर किसी से की जा सकती है, तो वह है लक्ष्मणसिंह चौहान (सुभद्रा कुमारी चौहान के पति) संजीव इंजीनियरिंग कॉलेज (सातारा) में प्राध्यापक थे पूर्णतः गाँधीवादी। विनोबा जी के साथ काम कर रहे थे। और महाराष्ट्र में 'नरेन्द्र दाभोलकर' के साथ कार्यरत थे। वर्षा और संजीव ने कई मुलाकातों के बाद अपने को एक-दूसरे के साथ अनुकूल पाया। विवाह के निर्णय से दोनों तरफ पारिवारिक भूचाल आया। उनका सामना किया गया। विवाह हुआ घरेलू झंझटें अमूमन सभी के यहाँ होते हैं। उनका जिक्र 'शून्य' का जिक्र होगा जिससे वर्षा के कार्य में जोड़ने या घटाने से भी पूर्णांक वही रहेगा। वर्षा शादी के बाद सातारा आयी स्कूल में पढ़ाने लगी साथ ही एल.एल.बी. करने लगी। ग्यारह से पाँच नौकरी उसके बाद लॉ की क्लास तीन साल तक नौकरी, गृहस्थी, पढ़ाई चलती रही परन्तु जिस कार्य को नैतिक दायित्व लिया था वह धीरे-धीरे केन्द्र से परिधि की ओर खिसक रहा था। संजीव ने सुझाव दिया कि 'अंधों' के लिए काम शुरू कर दो। संजीव उनके साथी 'अंधों' के लिए काम कर रहे थे। वर्षा ने कहा कि निसन्देह यह काम भी बहुत महत्त्वपूर्ण है, परन्तु मैं स्त्रियों के लिए ही काम करना चाहूँगी। मेरा मन वहीं राहत महसूस करता है। उनकी समस्याओं को मैं बेहतर समझ पाऊँगी। वर्षा स्कूल कॉलेज में घूम घूम कर 'संवाद' नामक भित्तिपत्रक लगाती थी। इसी बीच 'राष्ट्रक्रान्ति सेवक दल' से जुड़ी जो झोपड़पट्टी में जाकर वहाँ के बच्चों के लिए काम करता। वर्षा

ने झोपड़पट्टी में जाकर काम करना शुरू किया, इन झोपड़पट्टियों में आने इनसे जुड़ने के बाद पता चला कि इनके बच्चों के पास 'बर्थ सर्टिफिकेट' तक नहीं है। ऐसे सौ बच्चों को जमा किया उनका बर्थ सर्टिफिकेट बनवाया। अब इनका स्कूल में दाखिला करवाना था। वर्षा महसूस किया। यह दिन में दो घंटे काम करके समाज सेवा का सुख पाने का हिसाब नहीं बल्कि इन्हें इनके जीने की पद्धतियों को बदलने के लिए बेइंतहा समय की दरकार थी। इसीलिए बिना किसी अंतर्द्वन्द्व के वर्षा ने अपनी नौकरी छोड़ दी। सौ बच्चों की फीस. कापी किताब स्कूल की वर्दी के लिए पैसा इकट्ठा किया। सत्तर बच्चों को एडमिशन मिला। वर्षा सुबह ही झोपड़पट्टी चली जाती। उन्हें लेकर वर्षा आगे पीछे सत्तर बच्चों का क़ाफिला पहुँचता। शाम को लक्ष्मी मन्दिर के विशाल प्रांगण में सारे बच्चों को जमा करती। वहाँ बहुत सारे शिक्षक, शिक्षिका, वर्षा उनके पति संजीव सभी मिलकर उन्हें पढ़ाते। अक्षरदान का महायज्ञ लक्ष्मीमाता के प्रांगण को गुलजार कर देता। साढ़े चार सौ झोपड़ों के इलाके में जिसमें सभी पिछड़ी जातियाँ और मुसलमान थे। वर्षा ने देखा कि उसके पहुँचने से पूर्व सभी बच्चे बैग लेकर तैयार रहते। वह चलती उसके पीछे-पीछे गिरते पड़ते काफिला स्कूल पहुँचता। पर शबाना न आती। आखों में हसरत लिए बाकी बच्चों को ताकती। वर्षा ने कहा 'शबाना तैयार हो जाओ।' "नहीं मैं स्कूल नहीं आ सकती।" 'क्यों?' माँ कपड़े धोने गयी हैं। सुअर अन्दर घुस कर सब चावल खा जायेगा फिर हम क्या खायेंगें? पड़ोस की औरतों में कानाफूसी शुरू हो गयी। माँ तीन दिन से गायब है। वर्षा सभी बच्चों को स्कूल छोड़ कर शबाना की तलाश में जुट गयी। कहीं से खबर आयी कि नाले में किसी का शव ऊपर आया वर्षा पुलिस स्टेशन गयी। लाश पोस्टमार्टम किया गया। शबाना की माँ ही थी! किसी ने बलात्कार करने के बाद बेरहमी से मार कर फेंक

दिया था। पुलिस शबाना की माँ की लाश को लावारिश घोषित कर जलाना चाहती थी। बड़ी मजबूत दिलवाली वर्षा की आँखे भी बरस रही थी। यह है एक स्त्री की ज़िन्दगी का मोल। उसने पुलिस से कहा इस स्त्री की एक बच्ची हैं, यह लावारिश नहीं। साढ़चार सौ झोपड़पट्टियों की आबादी में कोई भी आगे नहीं आया। वर्षा भागकर एक मस्जिद में गयी मौलवी साहब से प्रार्थना की आप बताइए। मैं सारी जिम्मेदारी उठाती हूँ बस मृतका का सम्मान पूर्वक अन्तिम संस्कार करें। वर्षा के अथक परिश्रम से वह सम्भव हुआ। शबाना को वर्षा अपने घर लायी। अभी तक कोई सन्तान वर्षा की भी नहीं थी। पति संजीव को आपत्ति नहीं थी। वर्षा एक जिम्मेदार समाज सेवी थी जो बुनियादी तौर पर काम कर रही थी। यह एक मिडियाई चेहरा नहीं था। आवेग में निर्णय न लेती। बडे खुले दिल से वह स्वीकार करती है कि वर्षा शबाना को गोद लेने में हिचकिचाहट महसूस कर रही थी। क्या उसकी जिम्मेदारी वह निभा पायेगी? क्या अपनी सन्तान होने के बाद भी अपना प्रेम अक्षुण्ण बनाये रख पायेगी? उसे खुद पर ही भरोसा न हो पा रहा था। शबाना को बालनिरीक्षण गृह में रख दिया डेढ़ दो साल तक उसकी पूरी जिम्मेदारी निभाती रही। बाद में किसी नेक दम्पत्ति ने शबाना को गोद ले लिया। इसके साथ ही जिस बड़े कार्य में हाथ डाला वर्षा ने वह था परित्यक्ता स्त्रियों का। निशा शिरोळकर के नेतृत्व में विधान भवन के समक्ष इन स्त्रियों का विशाल मोर्चा गया। वर्षा ने दो सौ परित्यक्ता स्त्रियों को राशनकार्ड दिलाने के लिए संघर्ष किया और सफल भी हुई। परित्यक्ता स्त्रियों के मूलभूत अधिकारों के लिए वर्षा कुछ भी कर गुजरने को तैयार थी। घर टूटने, पत्नी छोड़ने के कारणों पर जब इन स्वयं सेवी संगठनों के काम करना शुरू किया तो पाया, दरअसल दहेज की समस्या इसमें नहीं के बराबर हैं। बल्कि शराब और दैहिक सम्बन्ध ही प्रमुख कारण है। उसके पश्चात शराब बन्दी

हेतु परित्यक्ता बहनों ने छत्तीस गाँवों में जाकर 'महिला मंडल' गठित किया। यह कार्य तीस परित्यक्ता कार्यकर्ता बहनों ने किया। यह सन् 1990 की बात है। फिर शराब बन्दी के लिए बृहद स्तर पर पूरे महाराष्ट्र में काम हुआ जिस तरह सारी महिलाएँ सक्रिय हुई। शराब की दुकानें टूटी दरअसल इनका इतिहास में दर्ज होना बनता है। हालाँकि पुलिस ने सारे रिकार्ड अपने नाम किये। सारी सफलता का श्रेय भी खुद ही लिया। कोई गम नहीं। वर्षा यह बताते हुए खुशी से भीग उठती है कि उसी समय मीरा बोरवणकर एस.पी. बन कर यहाँ आयीं और उनके कार्यकाल में दारूविरोधी कार्यों में तेजी और स्त्री संगठन में अकूत बल का संचार हुआ। वर्षा कहती है 'व्यसन मुक्ति केन्द्र' से ज्यादा कारगर है शराब की दुकानों का बन्द करना। इस कार्य के महत्त्व को रेखांकित न किये जाने का रंचमात्र भी दुख नहीं था इन महिलाओं को। वह तो इस बात से ही गद्गद थी कि 'हम में, हमारी संगठन में बहुत बल है।" शराबी पति के हाथों पिट कर किसी कोने में आँसू बहाने और बिस्तर पर सोये शराबी पति के जूते उतारने चादर ओढ़ाने के सिनेमाई तिरस्कृत अंदाज को बहुत पीछे छोड़ आये हम।

महिफल उनकी साकी उनका
आँखें अपनी बाकी उनका।

का हिसाब भी दफना दिया गया। बकौल कात्यायनी—

यह स्त्री
सब कुछ जानती हैं
पिंजरे के बारे में
जाल के बारे में
यन्त्रणा गृहों के बारे में।

महिला बचत समूह आरम्भ किया गया। यह स्वयंसिद्धा महिलाएँ थी। इनकी रोजमर्रा की जिन्दगियों में होने वाला बदलाव इनके

भी प्रतिरोध का भी बल भर रहा था। बस इन आन्दोलनों में महिलाओं ने पुरुषों को शामिल होने नहीं दिया कारण यह नहीं था कि वे 'जेंडर बायस्ड' थी बल्कि उन्होंने अनेक किशोरों तरूणों को शामिल किया। बस वे चाहती थी इन आन्दोलनों पर न राजनीति हो। न कोई पार्टी अपने स्वार्थ की रोटी सेकें। 'दलित महिला विकास मंडल' का रजिस्ट्रेशन कराया गया अनेक राज्यपरिवहन के बस केन्द्रों पर महिलाओं द्वारा 'झुणका भाखर' केन्द्र शुरू किया गया (झुणका पकाया हुआ बेसन का पतला घोल और भाखरी अर्थात् ज्वारी या बाजरी की मोटी रोटियाँ) यह परित्यक्ता महिलाओं के सक्षमीकरण के प्रयास ठोस चरण था। 'फ्री लीगल हेल्प' के माध्यम से महिलाओं की काऊंसिलिंग भी शुरू थी। वर्षा समेत सम्पूर्ण संगठन को इस बात का यकीन हो गया वह एक समानान्तर राजनीतिक आन्दोलन खड़ा कर सकती हैं। वह बात जो वर्षा को निरन्तर खाये जा रही थी उस पर अमली तौर पर कार्य करने का समय आ गया था वह थी महिलाओं की घटती संख्या। कन्या भ्रूण हत्या जिसका मामला वर्षा 1988 से उठा रही हैं ये सारे लोग आठ मार्च को सड़को पर आकर चिल्लाते थे 'कन्या को जन्म दो। जन्म दो। गर्भ में मत मारो।' परन्तु यह प्रभाव शून्य केवल प्रचार धर्मी नारा था। 2003 में महाराष्ट्र राज्य के कानून के बदलाव आया। एक कमेटी बनी जिसमें वर्षा को शामिल किया गया। यह सब कन्या भ्रूण हत्या के प्रतिरोधी चरण थे। इस समय केवल सातारा जिले में दो सौ के करीब सोनोग्रॉफी के सेन्टर थे। सरकार ने डॉक्टरों को ट्रेनिंग देने का कार्यक्रम रखा। सरकारी पैसे डॉक्टरों को बुलाया जाता उनके खाने-पीने की बेहतरीन व्यवस्था की जाती फिर वर्षा और पूरी कमेटी उन्हें लिंग जाँच कन्या भ्रूण हत्या न करने की भावात्मक अपील करती। डॉक्टर पहली कतार में बैठ कर इन पर हँसते। दूसरी कतार के डॉक्टर मोबाइल पर व्यस्त रहते। तीसरी कतार के आपस

में। अन्तिम दो-तीन कतार के नींद के सुखद झोंकों में।

इब्ने मरियम हुआ करे कोई
इस दर्द की दवा करे कोई।

'पानी वाली बाई' के नाम से प्रसिद्ध नेता मृणाल गोरे के नेतृत्व में महाराष्ट्र सरकार ने प्रायवेट बिल पास किया। सोनोग्राफी की जाँच के खिलाफ शिकायत भी दर्ज हुई। एक कोल्हापुर एक सातारा, एक अकोला में लेकिन यह शिकायत गर्भवती महिला के खिलाफ दर्ज हुई। वर्षा कहती है–"हम सब चौंक पड़े हम बेटियाँ बचाना चाहते थे। परन्तु माँ को कटघरे में खड़ा करके नहीं। स्त्रियों का निर्णय होता ही नहीं है। शादी बेटा पैदा करने के लिए की जाती है। लड़कियाँ बायप्रोडेक्ट होती हैं। हो गयी हैं तो पल जायेंगी। इस कमेटी ने 1988 के कानून का इस्तेमाल बन्द कर दिया। सन् 2003 में बने कन्या भ्रूणहत्या विरोधी कानून की सबसे बड़ी ताकत यह थी कि माँ को मुक्त रखा गया था। अब कन्या भ्रूणहत्या के सन्दर्भ में 'स्टिंग ऑपरेशन' किया जा सकता था। गर्भवती महिलाएँ मदद के लिए आगे आयी। वर्षा कहती है इन महिलाओं ने गर्भ, डॉक्टर, परिवार अदालत गवाही, बहुत यातनामय सफर झेला हैं। दरअसल सब कुछ इन्होंनें ने किया। मैं तो एक कड़ी थी।" राष्ट्रीय स्तर पर इस कार्य को पहचान मिली। वर्षा को अनेक पुरस्कार मिले। हजारों कन्या भ्रूणों को गर्भ में मुकम्मल जगह मिली। वर्षा के कारण आखिरी आसमानों के बाद भी नव नभ का निर्माण हुआ जहाँ हजारों चिड़ियों ने मुक्त उड़ान भरी। कहीं न कहीं अधजन्मी, अर्धआकारों में अपनी ही नाल से बद्ध कर–'द अर्थ इज क्लोजिंग ऑन अस' के 'महमूद दरवेश' की पंक्तियों को लिए तड़प की तरह हत्यारी फिजाओं में मौजूद थी–

कहाँ जायें हम अखिरी सरहदों के बाद
आखिरी आसमानों के बाद कहाँ भरे उड़ान चिड़ियाँ?
कहाँ सोये पौधे हवा की आखिरी साँस के बाद।

इस 'स्टिंग ऑपरेशन' का सफर हैंडिकैम से लेकर स्पाई कैमरे तक का रहा। डॉक्टर हँसी उड़ाते थे। एक चुनौती। पकड़ कर दिखाओ तुम क्या जानो? कार्य के अंदाज की पद्धति। इस कार्य के सन्दर्भ में जानकारी हेतु भारत के अठारह राज्यों में घूम कर आयी वर्षा कहती है इस धन्धे की एक पूरी श्रृंखला है—आंगनवाड़ी की ताई, आशा (संस्था), वर्कर, मेडवाइफ, पटवारी, गामसेवक इत्यादि क्योंकि इन का मानना है सरकार ने स्वयं गर्भपात नियम बनाया है। जनसंख्या नियन्त्रण के सन्दर्भ में इसे सकारात्मक दृष्टि से देखा जाना चाहिए वर्षा कहती है जनसंख्या नियन्त्रण के नाम पर बेटियों का जन्म नियंत्रित होता चला गया है। आज सलाना लाखों लड़कियाँ कोंख में ही गायब हो रही हैं। करीब चालीस हजार डॉक्टर इस धन्धे में शामिल है। शाहू आंबडेकर, फूले का नाम लेने वाले महाराष्ट्र का क्रमांक कन्या भ्रूण हत्या के मामले 'दूसरा' है। अपने एक स्टिंग आपरेशन का स्मरण करते हुए वर्षा बताती है किस तरह हॉस्पीटल में दूर गाड़ी खड़ी करके पहुँची फिर 'मेटल डिक्टेटर' के जरिये चेक कर उन्हें अन्दर भेजा गया गर्भवती महिला मोबाइल चुरा कर ले जाने में सफल हो गयी। दूर से वर्षा और उनकी टीम सम्पर्क में थे। यहीं रहस्य खुला रिपोर्ट कूट अंकों के जरिए दी जाती। 60 यानि कन्याभ्रण 19 यानि बालक भ्रूण। गर्भवती बहू को रिपोर्ट मिली अंक था 60। उसके साथ सास भी थी। वह थोडी दबंग थी। बोली कानून बहुत कड़क है। हम भ्रूण अपने साथ नहीं ले जायेंगी। डॉक्टर बोला कानून हमारे लिए भी कड़क है और यह कहते हुए उन दोनों को एक कमरे के पास ले गया। दरवाजा खोल दिया वहाँ बड़े-बड़े शेर के मानिंद चार कुत्ते मौजूद थे। जो कन्याभ्रूण को खा रहे थे। सास बहू के पैरों तले जमीन खिसक गयी। सर चकराने लगा। लोकतन्त्र की रंगभूमि का अर्थहीन मंजर खून को सफेद कर देनेवाला था। सी.एम. से लेकर कलक्टर तक से सम्पर्क करने के बाद सौ पुलिस

वालों के साथ कलक्टर स्वयं रेड मारने आ रहे थे तब वर्षा नांदेड की तरफ चल दी। पहले वर्षा के पास 'ब्लैंक चेक' आये फिर जान से मारने की धमकी मिली। दो-तीन बार लोग मारने भी आये। जाति के आधार पर राजनीति की गयी। वर्षा के विरुद्ध प्रचार भी किया। वर्षा जो भी कर रही थी उर्ध्वगामी चेतना के वशीभूत होकर कर रही थी। वे लोग भी जो कर रहे थे अधोगामी चेतना के वशीभूत होकर कर रहे थे। एक बार उन्हें पुलिस प्रोडेक्शन की जरूरत पड़ी। बीड़ जिले के एक केस में आज भी उन्हें धमकियाँ मिल रही है। वर्षा और उसकी टीम केस का ट्रांसफर पुणे या मुम्बई हो जाय। इस प्रयत्न में लगी है। क्योंकि इस केस से सम्बन्धित दो गवाहों को मरवा दिया गया हालाँकि बड़ी आसानी इसे आत्महत्या का जामा पहना दिया गया। पूरी राजनीतिक सत्ता डॉ. के पक्ष में खड़ी है। मैं यह सब सुनकर सहमती हुई वर्षा को देखती हूँ। वह भाँप जाती हैं। कहती हैं मैंने भी नदी में डूब कर ही जाना दरअसल डॉ. और उनके हॉस्पीटल राजनीतिक नेताओं के काले पैसों को सफेद पैसों में बदल देते है। हॉस्पीटल जगह से लेकर हॉस्पीटल तक बनाने में अपनी पूँजी लगाते हैं जबकि जगह खरीदी जाती है डॉक्टर के नाम से। होने वाला मुनाफा आदि। नेताओं की हिस्सेदारी होती है। इसीलिए राजनेता गोपनीय तौर पर उन्हें संरक्षित कर रहे थे। डॉक्टर की जमानत हो जाती है। एक स्त्री की गर्भपात करते समय ही मृत्यु हो गयी तब भी डॉक्टर की जमानत हो गयी। एक डॉक्टर पन्द्रह कन्या भ्रूण के साथ पकड़ा गया फिर भी छूट गया। वर्षा और उसके दल में क्रोध का सैलाब फूट पड़ा सीधी चुनौती राजनेताओ से अब हम या तुम। अस्सी महिलाएँ सिर पर कफन बाँध मुम्बई और साथ निखिल वागले की पूरी टीम (निखिल वागले टी.वी. आई.बी.एन. लोकमत चैनल के वरिष्ठ संवाद दाता) वर्षा ने कहा जो जैसा भी हो दिखाओं ज्यों का तो। निखिल वागले ने भी इसे बतौर मिशन लिया। अलका

धुतकर भी इस मिशन से जुड़ी रही। इस मिशन अस्सी से आठ सौ जुड़ गये। बस उन ज़िन्दगियों के चिरागों को न बुझना चाहिए। हत्यारों की तो कमर ही तोड़ देनी चाहिए। मृत्यु का कोई खौफ़ नहीं। कन्या भ्रूणहत्या के केस में एक लौ इस तरह क्यों बुझी मेरे मौला? के घाव की आकुलता ही बल बन गयी। अठारह डॉक्टरों को सजा मिली। साठ डॉक्टरों के खिलाफ आन्दोलन चले। बहत्तर अस्पताल बन्द हुए एक सौ बावन के खिलाफ केस चल रहे है। चालीस डॉक्टरों का रजिस्ट्रेशन कैन्सल किया गया। कानून के अमली रूप से लोगों में भय पसरा गया पूरे महाराष्ट्र में। आन्दोलन अपने निर्णयात्मक स्वरूप को लेकर मौजूद है युवा वर्ग मीडिया विश्वविद्यालय विविध संगठनों का साथ है। वर्षा यह कार्य भारत के विविध क्षेत्रों में करती है। कई सारी समतियों में है। बस वर्षा का दुख है कि आज स्त्री शक्ति को मार्केट की दृष्टि से देखा जा रहा है। यहाँ तक कि बलात्कार जैसी घटनाओं को बाजारवादी नजर से ही देखा जा रहा है। महिला लोकायोग के विषय पर फिर कभी कहकर हम दोनों चर्चा टालते हैं। वर्षा कहती है अब मुझे तब तक रूकने की इजाजत जब तक यह कार्य पूर्णतः अगली नस्ल से जोड़ नहीं देती। कन्या भ्रूण हत्याओं की नींव पर स्त्री सक्षमीकरण के भवन निर्माण की बातें करना अक्षम्य अपराध है। अनिल त्रिपाठी के शब्दों में कहूँ तो—

नहीं जानते लोग
इतना भी कि
जर्जर नींव पर नहीं खड़ी होती
भव्य इमारत

बेखौफ होकर जिस तरह वर्षा जुटी है नन्हीं कोंपलों को जग में लाने के लिए उसके साहस को उसकी दृढ़ता को वर्षा, संजीव, शैला, कैलाश जाधव के जज्बे को सलाम।

सुनीता भोसले
तूफान कभी मात नहीं खाते।

इतनी सियाह रात में किसको सदाएँ दूँ?

मैंने सुनीता के मुँह से सुना—"खर सांगते, ताई मला 'सारे जहाँ से अच्छा हिन्दुस्ताँ हमारा' म्हणायला लाज वाटते।" (सच कहूँ दीदी, मुझे 'सारे जहाँ से अच्छा हिंदुस्ताँ हमारा' गाने में शरम आती है।) मेरे जेहन में एकदम कृतिका घूम गयी। "मैम में थक गयी हूँ लड़ते-लड़ते भारत में नहीं रहना चाहती।" किसी सिनेमा का एक दृश्य भी इसी समय कौंधता है सनी दूयोल की गुर्राहट भरी आवाज 'दूध माँगोगे तो खीर देंगे, कश्मीर माँगोगे तो चीर देंगें। सिनेमा हॉल सीटियों तालियों के शोर से आक्रामक हो चला था। विपर्यास रचते दृश्यों से राष्ट्र के प्रति भाव दूध का दूध पानी का पानी की तरह अलगाया नहीं जा सकता। "दुखिया दास कबीर है, जागे अरू रोवे" के मर्म में झीनी-झीनी चदरियाँ बीननी पड़ेगी और बरसे कम्बल भीजै पानी उलटबाँसियाँ सुलझानी पड़ेगी। सुनीता

भोसले की उपर्युक्त पंक्ति मेरे लिए किसी हादसे से कम न थी। बकौल अरुण कमल–

"हजारों वर्षों के बाद भी अतृप्त हैं, इच्छाएँ
आज भी सबसे बड़ी इच्छा हैं, भरपेट अन्न
पृथ्वी किसलिए घूमती रही तब इतने दिन।"

सुनीता भोसले, सावला रंग मोटापे की ओर झुकी देह बड़ी बड़ी आँखे, औसद कद। शिक्षा चौथी कक्षा तक। उनसे मिलने का सहज ठिकाना पुणे शिवाजी नगर का कोर्ट। दुनिया भर के मुकद्मों की पेंचदगियों पर, कानून की बारीकियों पर, उनकी ज़िरह हैरान करती है। जीवन की पाठशाला से निकला कोहिनूर। वह हर उस व्यक्ति की रहबर हैं, जिन्हें पुलिस झूठे मुकद्मे में फँसाती है। पारधी समाज की स्त्री जिन्हें आज भी जन्मजात अपराधी माना जाता है, जिन्हें पकड़ने जेल में ठूँसने का पूरा अधिकार पुलिस के पास है। जिनके सैकड़ों निरपराध पुरूष जेल में है, पत्नियाँ, बहनें पुणे स्टेशन के पास भीख माँगती है। दिन में काम (मजदूरी) करेंगे। शाम को भीख माँगेगी रात में वेश्यावृत्ति करेंगे ताकि पैसा इकट्ठा करके जल्द से जल्द घर के मर्दों को छुड़ा सकें। एक बार जेल से छुड़ाने के लिए दो लाख रुपये के करीब जमा करना पड़ता है। आज भी नहाना उनकी दिनचर्या में शामिल नहीं है। हप्तों महीनों वैसी ही। सुनीता ने कहा ताई देखो ये अगर रोज नहाये। तो ऐश्वर्या राय से कम सुन्दर दिखेगी? मैं नजर घूमाती हूँ और लाल रंग की साड़ी लपेटे खूब गोरी दुबली काया पर केन्द्रित कर लेती हूँ। धूल से अँटे बाल कई दिनों से तेल के प्यासे। कंघी से बेरुखी कर ली हो जैसे उन्होंनें? तपते भरे लाल होंठ। अधखुली बड़ी बड़ी नीली आँखें। मैं पूछती हूँ नींद नहीं हुई आपकी? जवाब सुनीता देती है–'मरद जेल में है। ताई स्टेशन के पास फुटपाथ पर सोती है, रात में पूछो कितने लोग आते है। कुछ लोग नींद की बेसुधी का

फायदा उठाते हैं, रात तो मारामारी में गुजरती है। वह खुद कुछ नहीं कहती है बस देखती है। एक याचना भरे भावों के साथ। मानो उसके चेहरे पर अरुण कमल की पंक्तियाँ चस्पां है–

कौन बचा है, जिसके आगे
इन हाथों को नहीं पसारा।

मैं जानना चाहती हूँ। इनके जीवन के बारे में। मैत्रेयी पुष्पा के उपन्यास 'अल्मा कबूतरी' की तरह के ये सारे पात्र सजीव सदेह जो नहीं जानते लोकतन्त्र किस चिड़िया का नाम है। विस्थापन, बेदखली निर्धनता और हिंसा से इन्हें रोज लड़ना पड़ता है, पर अन्याय के खिलाफ लड़ने का बल इनसे छीन लिया गया है। वैसे तो आपस में लड़कर एक दूसरे की आसानी से हत्या कर देते हैं। परन्तु अभी भी अगर गाड़ी की हेडलाईट चमक जाये तो पूरा का पूरा गाँव दस मिनट में खाली। उन्हें लगता है पुलिस आ गयी है। सुनीता प्रश्न करती है क्या भारत में एक भी प्रगतिशील विचारधारा में इतनी ताकत नहीं कि इनमें अलख जगा सके। कहती हैं जगह-जगह पहाड़ों पर घूमने वाली यह शिकारी जातियाँ तो धुर से अड़ानी (अनाड़ी) है पर दूसरों ने भी कहाँ बाबासाहेब के विचारों को इन तक पहुँचाया। पारधी समाज के लिए सुनीता रेत की मछली की तरह तड़पती है। इस तड़प ने ही उसके भीतर दमन के खिलाफ आग भर दी है। सुनीता जिसकी माँ शांताबाई ने खेत में काम करते समय ही उसे जन्म दिया। साँवली गदबदी बेटी उनके भीतर ममत्व न जगा पायी। एक तो दूसरी बेटी दूसरे गहरी रंगत माँ तपती धूप में वहीं खेत मे फेंक कर घर चली गयी। खेत की मालकिन को पता चला तब वह उठा कर लायी। बच्ची सांसो की डोर अब भी थामे थी। मात्र तीन साल की थी सुनीता तभी उसके पिता की हत्या कर दी गयी। पिता एकनाथ भोसले। कारण उनकी शादीशुदा बहन ने अपने ससुर से सम्बन्ध

रखा। सुनीता के पिता ने तीन शादियाँ की थी, पारधी समाज के अधिकांश पुरुषों ने दो दो ब्याह किये है। यहाँ अभी भी ब्याह और तलाक जाति पंचायत ही करती है। उम्र के ग्यारहवें वर्ष में सुनीता की माँ की शादी हो गयी थी। ग्यारह वर्ष की लड़की गर्भवती नहीं हुई। उम्र ही नहीं थी, परन्तु अंधाविश्वासी समाज ने ताने देने शुरू कर दिये लोग अपना बच्चा उनसे छिपाने लगे। कोई भी गोद में बेटा न देता। माँ रोती कलपती। सुनीता कहती है आज भी पारधी समाज में पहला 'मासिक धर्म' हुआ तो दूसरे या तीसरे मासिक धर्म तक लड़की को गर्भवती होना ही चाहिए। आज भी पारधी समाज में लड़की की शादी के लिए अठारह साल की उम्र का इंतजार तो नहीं किया जाता। उम्र के इक्कीसवें वर्ष में सुनीता की माँ ने बच्ची को जन्म दिया। फिर लड़का हुआ मर गया। सुनीता पैदा हुई जिसके जन्म की मुख़्तसर कथा पहले ही कही जा चुकी है। पारधी समाज में पुलिस प्रलोभन देकर अपने कई मुखबिर बना चुकी थी। इन मुखबिरों को नीति अनीति से लेना देना न था। डाह द्वेष से ग्रस्त होकर व्यक्ति किसी की भी जान सांसत में डाल देते हैं ये। जाति पंचायत की नाराजगी को लेकर सनस पवार नाम के व्यक्ति ने सुनीता के पिता और चाचा के बारे में 'तांबोली' इंस्पेक्टर को खबर दी 'एकनाथ और लहासा चोर है। खूब चोरी की है। घर में बहुत सा सोना छिपा रखा है। सुनीता ढाई साल की थी। परन्तु उन सन्दर्भों को पुनः दोहराते हुए उसका गला अवरुद्ध हो जाता है आँखें भर आती है। ढाई वर्ष की बच्ची के मास्तिष्क में मार खाते पिता की करुण चीत्कार कहीं न कहीं 'फ्रीज' हो गयी है। वह क्षण लेती है संयत होने में। कहती है "अभी संगठन, संस्थाओं के साथ मिलकर हम लोंगों बहुत काम किया। समझाया लोगों को झूठी खबरें देना बन्द करो। पुलिस पकड़ती है उनके पास हो न हो फिर भी पैसा ऐंठती है।

एकाध टुकड़ा मुखबिर के मुँह में भी ठूँस देती है।" अब इस तरह की खबरें देना पारधियों ने कम कर दिया है। फिर वह उन्हीं स्मृतियों के बीच पहुँचती है, पुलिस ने रात एक बजे दरवाजे पर लात मारी एक लात भर का औकात लिए दरवाजा छिटक कर दूर जा गिरा। झोपड़ी की फर्श पर सुनीता की बहन, माँ, सुनीता का भाई, सुनीता के पिता एक साथ सट कर सोये थे। एक दीवार से सटी सुनीता की बहन तो दूसरी दीवार से सटे पिता। पिता जी को सोते में मारते हुए उठाया हाथ कस कर पीछे बाँध दिये। पैरों में बेड़ियाँ, माँ को भी मार रहे थे। घर में 'दिया' तक नहीं। अँधेरे में कोहराम मचा था। माँ रोते बिलखते पाटील के घर पहुँची। पिता जी रोते चीखते पुलिस की मिन्नतें करते मैंने साहब कभी चोरी नहीं की। तांबोली के साथ आया व्यक्ति सुनीता की बहन को उठा कर ले जाने लगा। वह बहुत ही सुन्दर थी। साहब मैं इसे अपने बेटे के लिए रखूँगा। माँ लौट आयी थी। उसके आर्तनाद से गाँव जाग पड़ा था। सबने भीतर झुरझुरी महसूस की, पर चुप्प ऐसे कि गाँव में कोई जीवित ही ना हो। माँ पागलों की तरह दौड़ी। जा रही हूँ पुलिस चौकी बड़े साहब के पास वरना मेरी बेटी को छोड़ो। पुलिस और मुखबिर ने बहन को वहीं छोड़ा और अपने मुखबिर के साथ पिता को घसीटते भद्दी-भद्दी गालियाँ देते हुए चले गये। पिता जेल में ही थे। चाचा को किसी ने एसिड डाल कर जला कर मार दिया। चाचा की हत्या के बाद जब पिता छूट कर आये तो सुनीता की बुआ और ससुर के सम्बन्ध के कारण उन्हें वहीं मार दिया गया। पिता ने पहले ही माँ का एक हाथ पत्थर मार कर तोड़ दिया था। एक हाथ वाली इस महिला के सिर पर तीन अपने और तीन देवर के छह बच्चों की जिम्मेदारी थी। चाचा की मृत्यु के बाद जब चाची शिरूर गयी तो उनकी भी हत्या हो गयी। जब मैं यह सुनती हूँ तो सोचती हूँ हत्या करना और बचकर

निकल जाना इतना सहज है कि किसी की आत्मा नहीं दहलती। जिन गाँवों की मासूमियत और इंसानियत हमारे गीतों, कविताओं, सिनेमा में अपने नवरंग बिखेर देता है, वहीं ये हत्याएँ आसानी से नामालूम सी घटनाएँ बन जाती हैं। एक वर्ष में सुनीता के परिवार में तीन हत्याएँ। अपंग माँ। किसी ने सहारा न दिया पर माँ को साथ रखने, सम्बन्ध स्थापित करने का दबाव बहुतों का था। एक और चाचा था जो घर में आकर सो जाता था। जिद्द मेरे साथ रह जा माँ परेशान होकर शिरूर सभी बच्चों समेत चली गयी। होटल के जूठे प्लेट माँजना और सुबह शाम भीख माँगना। सुनीता के चाचा के लड़के ने अपनी चाची (सुनीता की माँ) के साथ ही जबरदस्ती करनी चाही। जो भी सुनीता की माँ के हाथ लगा वही उठा कर चला दिया और पुलिस में कम्पलेन भी की। सुनीता उन दिनों को याद करते हुए जैसे अब भी उसी भूख की पीड़ा से गुजरती है चाचा 'बोकड' (बकरा) काटते थे। सुनीता के परिवार को कुछ नही देते खुद के बाबा भी चीजें लाते दुनिया भर को बाँटते लेकिन सुनीता का परिवार बहिष्कृत रहता। यह मैंने भी बहुत पास देखा है कि, लोगों नजरें दिन फिरते ही फिर जाती है। मैं अपनी तकलीफ को किसी की तकलीफ से लयबद्ध नहीं होने देती हूँ। ना ही भुनाती हूँ, फिर भी बरबस पिता याद आ गये हॉस्पीटल के बिस्तर पर लेटे और कलपती माँ। हास्पीटल से डिस्चार्ज कराने के पैसे नहीं थे। पिता दो दिन उसी बिस्तर पर रहे न रहे। जबकि पिता घर के कमासुत पूत थे। बहुत कुछ दिया था घर में, समृद्ध घर था। बदहाली तो केवल पिता पर थी खैर। सुनीता की बहन चौथी कक्षा तक पढ़ी और उसकी शादी कर दी गयी। सुनीता दोनों वक्त अब भी भीख माँगने जाती थी। घर में कभी धान होता तब भी किसी को कुछ बनाने न आता। एक बार सुनीता बीमार पड़ी तो माँ ने बडी बेटी से कहा अनीता आज जा

तू गाँव से भीख माँग ला। अनीता को आदत न थी। मारे लाज के भीख न माँगी। माँ से लौट कर कहा पूरे गाँव में उपवास है। किसी का चूल्हा नहीं जला है क्या करूँ? माँ को तुरन्त पता चल गया कि वह झूठ बोल रही है माँ खुद गयी भीख माँग कर लाई तब सबने खाना खाया। एक दिन सुनीता माँ के पास बैठी और बहुत दुलार से माँ के हाथ पर हाथ रखा ''माँ मुझे भी स्कूल जाना है। माँ मन लगा कर पढ़ूँगी। भेज दो न माँ।''

"घर का बोझ उठाने वाले बचपन की तकदीर न पूछ
बच्चा घर से काम पे निकला और खिलौना टूट गया।"

–मुनव्वर राना

सुनीता स्कूल जाने लगी। अनीता घर बैठ गयी। अनीता भीख माँगने न जाती। घर में उपवास की समस्या सिर उठा कर खड़ी हो गयी। सुनीता शाम को भीख माँगती। सुबह स्कूल जाती। हे...हे...ये...ये...तू शाम को भीख माँगने जाती है न। सुनीता सबकी नजर बचा कर रोती। मनुष्य के जीवन में 'भूख' से बड़ा संघर्ष नहीं। घर तो था नहीं। वह रोटियों को पेड़ से बाँध कर रख देती। जिनसे कई बार कुत्तों की दावत उड़ती। कुछ कच्चे अमरुद और इमली की फलाहारी करती सुनीता का परिवार। सुनीता कहती है–"ताई बहुत बड़े होने तक हमने यह जाना ही नहीं ताजी रोटी की गन्ध कैसे होती हैं? नये कपड़े किसे कहते हैं?" स्कूल जाने के लिए कपड़ा न था। सुनीता के भाई ने बकरी की चमड़ी निकाली बाजार जाकर बेच आया। सुनीता के लिए कपड़े लाये। सुनीता विद्यालय जाती। माँ भेड़-बकरियाँ चराती। गुरु जी पेन कापियाँ दिलवा देते। क्योंकि सुबह शाम भीख माँगने वाली सुनीता कक्षा में प्रथम आती। कही से सभी ने तिरपाल का जुगाड़ किया और उनका घर बन गया। तेज आँधी में तीनों बच्चों तिरपाल पकड़ बैठ जाते तिरपाल उड़ता वे भी जमीन से ऊपर उठ जाते गिरते-पड़ते। बारिश में भीख माँगने जाना भी मुहाल हो जाता।

कुछ कच्चे सीताफल चुरा लाये आम बेचने वाले के मुँह से सुना था यह 'उकळेला आम' है। अर्थात इन आमों को धूप लग गयी है। सुनीता और भाई बहन को लगता कि उबालकर पकाया है। वे ईंट का चूल्हा बनाकर घंटों सीताफल को उबाला करते पर तो सीताफल पकने का नाम ही न लेता। उपवास से तो सगा रिश्ता था इन परिवार वालों का। इसी बीच पुलिस चोरी के इलजाम में मामा को उठा ले गयी। किसी तरह भीख माँग कर काम करके पुलिस को पैसा देकर मामा को छुड़ाया गया। पूरा परिवार शिरूर चला गया। शिरूर से डेढ़ रु. किराया देकर स्कूल जाना सुनीता के लिए 'आसमाँ से तारे तोड़ लाने' जैसा था। यहाँ भी सुबह भीख माँगते। शाम को कचरा इकट्ठा करते, इतना करने के बाद भी एक वक्त का खाना ही नसीब हो पाता। वापस गाँव लौट आये। पाँचवीं कक्षा में सुनीता जाने लगी। फिर वही उपवास दिन भर बच्चों का चिढ़ाना देखो-देखो हमारे घर भीख माँगने आती है, और हमारे साथ स्कूल में पढ़ाई करती है। सुनीता ने पढ़ाई छोड़ दी। 'माने अप्पावर' नामक संस्था ने पुलिस द्वारा पारधी समाज को दी जाने वाली प्रताड़ना के विरुद्ध 'मोर्चा' निकाला जिसमें सुनीता की माँ भी शरीक हुई। सुनीता की उम्र थी 'तेरह'। तेरह की उम्र में तय किया मुझे भी संगठन में जाना है। स्कूल का वही एक कपड़ा शरीर पर लिए संगठन चली गयी वह। वहाँ उसने पारधी समाज के प्रति शासन पुलिस दूसरे समाजों और स्वयं पारधी समाज के भीतर के संघर्ष अत्याचार अन्याय को जानने समझने की कोशिश की। सुनीता की मानसिक उम्र मानों दस साल अधिक हो गयी हो। नगर में संगठन का काम था। नगर तक जाने का भाड़ा जुटाने के लिए तीन दिन मजदूरी करके भाड़ा जुटाया। दो दिन भूखी रही नगर में जाकर एकनाथ आहवाड़ का भाषण सुनकर तय किया 'मुझे पारधी समाज के इस संगठन का कर्यकर्ता होना है। अधिवेशन खत्म होने के बाद नगर से नांदेड़ तक पदयात्रा का

संकल्प किया गया। और यह पदयात्रा शुरू की गयी जिनमें तेरह वर्षीय सुनीता भी अपने फौलादी इरादों के साथ शरीक हुई। एक माह तक वह भी पैदल चलती रही। पहले दस दिन तक बिना चप्पलों के उबड़-खाबड़ जंगल के कीकर पैर छीलते और जमीन पर रक्ताभ पैरों की छाप उतर जाती मैं चाहूँ तब भी तेरह वर्षीया सुनीता के हृदय में उठते भावों और पैरों के छाप की संगत और दर्द को शब्दों में उतार नहीं सकती। कुमार विकल की कविता की तरह—

जख्मियों के घावों पर
मरहम तो लगा सकता हूँ
लेकिन उनकी चीखों का मर्म नहीं बता सकता।

रास्ते में लोगों के साथ चलती रही सुनीता। किसी के हथेली पर तेल आवश्यकता अधिक गिर जाता तो वह सुनीता के सिर पर पोंछ दिया करता। कोई साबुन दे देता, कोई तेल दे देता, कोई खाना खाने बैठता तो अपनी पोटली से रोटी डाल देता। 'एकनाथ आहवाड़' देखते रहे। लड़की के जिद्द ने उन्हें छुआ इस लड़की को एक चप्पल और एक कपड़ा देना जरूरी है। इस तरह सुनीता के पैरों में चप्पल और देह पर नया कपड़ा मयस्सर हुआ। नांदेड़ में एक हाथ की घडी भी दी गयी। पहली बार सुनीता ने समझा इस खुशी शब्द के अर्थ को। पन्द्रह सौ रुपये भी मिले। 'बाप रे बाप' इतने रुपये। रुपये रातभर उठ-उठकर गिनती कहीं कम तो नहीं हो गये। संगठन के लिए समर्पण भाव से काम करना शुरू कर दिया था सुनीता ने। इस बालिका में नेतृत्व के सारे गुण थे परन्तु कम उम्र के कारण इसके नेतृत्व को अस्वीकार कर दिया गया। सुनीता का दुख है कि, आज भी पारधी समाज में 'फूले, शाहू, बाबा साहेब के विचार नहीं पहुँचे आज भी वह जाति पंचायत व पाटीलों के हुक्म पर चलता है। वह कहती है ताई हमारे साथ अभी भी दो पाटील थे आपसे मिलते समय वह न रहे इसलिए किसी

तरह पीछा छुड़ाया। वह पेड के नीचे बैठे हमारा इन्तजार कर रहे है। सुनीता बताते बताते हँस पड़ी निष्कलुष संगीतमय हँसी।

सुनीता बताती है, पारधी समाज में बलात्कार का फैसला भी जाति पंचायत ही करती है कुछ पैसे बस हो गया न्याय। "ताई मैं निकट भविष्य मे पारधी समाज में महिलाओं की स्थिति पर किताब लिखने वाली हूँ। महिलाओं की स्थिति और भी दयनीय है।" सचमुच पारधी समाज की कुछ विचित्रिताएँ हैरान करती है। जिस दिन लड़की की शादी हो गयी। ससुराल जाने के बाद पति से शारीरिक सम्बन्ध बन गया उसी दिन पति-पत्नी घर से निकाल दिये जाते है। उस स्त्री के हाथ का छुआ सिवाय उसके पति के कोई नहीं खा सकता। सास ससुर तो छूते तक नहीं हाथ का पानी भी नहीं पीते। इतनी अधम, इतनी अश्पृश्य हो जाती है, स्त्री उनके लिए। सुनीता व संगठन के अथक प्रयत्न से परिवार नियोजन, पोलियो रोगप्रतिबन्धक टीके के बारे में थोड़ी जागरूकता आयी है। थोड़ा बदलाव आया है। सुनीता की शादी के सन्दर्भ में एक लड़का देखने उनके गाँव आया कपड़े लत्ते की गठरी देख कर अन्दर ही नहीं आया सुनीता कहती हैं, पास पड़ोस से माँग कर अच्छा खाना पकाया। पर उन्होंने घर के भीतर पैर ही नहीं रखा। यह है फूले, शाहू, आंबेडकर के विचार मानने वाले लोग। यह है हमारी स्थिति। पुलिस तो हमारे लिए कभी नहीं थी। आज ही 306 का केस चार लोगों पर दर्ज किया है। क्योंकि वे लोग पुलिस को पैसे नहीं दे पा रहे हैं। आस-पास दुर्घटना घटी बस तुम अ.ब.क. कोई भी हो तुम्हारा नाम सह अभियुक्त में डाल देंगे। सुनीता को भी लगातार धमकियाँ मिलती हैं। शिकरापुर के एक मामले को बताती है एक पारधी लड़की को विवाह का झाँसा देकर एक पुरुष 6 माह तक उसका शारीरिक शोषण करता रहा बाद में शादी से इनकार कर दिया सुनीता उसकी तरफ से खड़ी हुई तो उस पुरुष ने उसके मित्रों ने उसके वकील फोन करके

धमकी दी तुम्हे भी उठायेंगे सामूहिक बलात्कार करेंगें और मार देंगे। सुनीता की माँ डर जाती है परन्तु सुनीता नहीं क्यों कि वह धूपधर्मी क्रान्ति है–

उसकी प्रश्न भरी चिन्ता है
एक काला सूरज बनने से पहले
वह अपनी आखिरी किरण
कहाँ पर बितायेगी
या खुद ही एक नया सूरज बन जायेगी
या किसी और ब्रह्मांड में चली जायेगी

–कुमार विकल

सुनीता मायूस हो कर पूछती है। यह कैसी संस्कृति है जहाँ बेटी अपनी माँ की साड़ी तक नहीं धो सकती। मैं नहीं मानती ऐसी संस्कृति को। माँ का तो एक ही हाथ है मैं ही उसकी साड़ी धोऊँगी। जाति से बाहर होना मुझे मंजूर है। सुनीता के भाई ने विवाह किया जब दुल्हन घर आयी तो चौंक गयी नहाना, कपड़े प्रेस करना, टूथ पेस्ट ये ये क्या है? यहाँ रोज नहाते हैं।" दुल्हन की माँ ने कहा बन्द करो ये सब मेरी लड़की को 'जोड़ी डाल दों' (भीख माँगने हेतु) जाओ दोनों सास बहू भीख माँग कर लाओ। सुनीता की माँ ने कहा भीख माँगना हमने छोड़ दिया। अगर तुम्हे रहन-सहन का ये तरीका नहीं पसन्द तो अपनी बेटी घर ले जा सकती हो। परन्तु बहू ने कहा आप लोग जो भी सिखायेंगे मैं सीखूगीं आप ही लोगों की तरह रहूँगी। आज उनके दो बच्चे अच्छे स्कूलों में पढ़ रहे हैं। भाई एन.डी.ए. में सर्विस कर रहा है। पारधी समाज में अगर गलती से महिला का पैर यदि किसी पुरुष को लग गया या किसी महिला की साड़ी यदि किसी पुरुष को छू गयी तो दंड लगता है। जाति पंचायत पचास हजार तक का दंड निर्धारित कर सकती है। भिखारियों से ऊपर उठने का हर रास्ता पारधी समाज स्वयं ही बन्द कर देता है। जिस दिन बहू बेटे का

सम्बन्ध हुआ अगले ही दिन उन्हें बिना कुछ दिये निकाल दिया जाता है कोई तरस खाकर थाली-लोटा दे देता है। फिर भूख से तड़पते दम्पत्ति की थाली कब किस घर के आगे पसर जाती इसका पता तो दम्पत्ति को भी न चलता। महिला कल्याण तो मृगतृष्णा है। यहाँ महिला देहसुख का साधन मात्र है। वह घर में पेशाब तक नहीं कर सकती है। उन्हें इन्हीं संस्कृतियों से मोह करना सिखाया जाता हैं–

ज़िन्दा आदमी को किस तरह गर्त में उतारा जाता है
जो आदमी जहर से नहीं मरता
उसे किस तरह मोह से मारा जाता है

–कुमार विकल

सोलह वर्ष हो गये सुनीता को काम करते पारधी समाज के बीच। जो कुछ बदलना चाहिए कहाँ बदला। उसकी आवाज ऐसी आ रही थी 'जैसे कोई सूखा कुँआ तलहटी से बोलता हो' (हरिशचन्द्र पांडेय) "ताई मैं मानती हूँ पारधी समाज के लोग चोरियाँ करते हैं", परन्तु वह चोरी का पैसा जाता कहाँ हैं? आज तक कोई पारधी समाज का ऐसा व्यक्ति नहीं मिला मुझे जिसके पास पक्का मकान हो। घर में ए.सी. हो, चारचक्के वाली गाड़ी हो या घर में गैस हो, कूलर हो, पंखा हो। चोरियाँ दूसरे करते हैं, पकड़े जाते हैं पारधी। एक व्यक्ति पर 395 धारा यदि पुलिस लगाये तो छुड़ाने में दो लाख रुपये लग जाते हैं। महिलाएँ खुद को भी बेच देती हैं। यदि जाति का प्रमाणपत्र चाहिए तो चालीस साल तक के सबूत देने पड़ते हैं। एक दसवीं पास लड़के को केवल जाति प्रमाणपत्र के कारण नौकरी नहीं मिली। हम केवल मतदान कर सकते हैं। राशनकार्ड नहीं दिया जाता हमें। सुनीता को नहीं पता उसके बाबा की मृत्यु कहाँ हुई? जन्म कहाँ हुआ था? गाँव का पाटील मुर्ग़ियाँ चोरी करवाता है पारधियों से पकता हैं उनके घर में और एवज में कटोरी भर केवल 'रसा' दे दिया जाता है पारधी

समाज के विकास हेतु सरकार द्वारा पारित तैतीस करोड़ की अनुदान राशि वापिस लौट गयी। सुनीता कहती है हमारे बहुत कहने पर भी तथाकथित पारधी अपराधियों का पुलिस नार्को टेस्ट नहीं करवाती। ताई जाओ पुणे स्टेशन अस्सी फीसदी पारधी समाज की महिलाएँ बच्चों समेत भीख माँगती हुई मिलेगीं। इधर सरकार का नियम हो गया कि आठवी तक फेल नहीं करना। बस हो गया काम स्कूल में एडमिशन किया बच्चों का काम खत्म। चलो भीख माँग आते हैं। क्योंकि फेल तो होंगें नहीं यह है प्रगति? पाटील की बात न मानें तो उम्मीदवारी से नाम गायब। महिला सरपंच तो बस इस बात से खुश है कि "गाड़ी आती है अगूँठा लगवाने के लिए क्या रूआब है मेरा?" तब बताओ कैसे गाएँ हम "सारे जहाँ से अच्छा हिन्दुस्ताँ हमारा।" चौथी कक्षा तक पढ़ी सुनीता उन सभी लोगों का ऋण महसूस करती है जिन्होने उसका परिचय बाबासाहेब आंबडेकर से करवाया। दलित फांउडेशन ने दो-तीन साल मानधन दिया। सुनीता की स्वयं भी 'क्रान्ति' नामक संस्था है। वह अपने कार्यकर्ताओं के प्रति हर वक्त सोचती हैं जो लोग समाज के लिए इतना करते हैं उनकी ज़िन्दगी अड़चनों से मुक्त होनी चाहिए? संतोष की गहरी सांस लेती है सुनीता। संख्या में कम ही सही पारधी के बच्चे स्कूल जाने लगे हैं। उन्हें अब गाँव या शहर आने जाने में रोकटोक नहीं हे। 'क्रान्ति' संस्था के सौ कार्यकर्ता की निष्ठा से मुझे उम्मीद बँधती है। बदलाव होगा। सुनीता का यातनाभरा अनुभव कहता है कि सामाजिक कार्यों के लिए अन्याय के खिलाफ लड़ने जाती है तो तमाम छोटे से लेकर बडे अधिकारी तक देह सुख की माँग करते हैं। अन्याय लड़ने की कीमत भी अन्याय। सुनीता कहती है "मैं सामाजिक क्षेत्र में काम करती हूँ जब मेरी यह स्थिति तो बाकी महिलाओं की क्या स्थिति होगी?" आजादी के चौसठ सालों बाद किसकी ओर यह समाज आशा भरी नजर से देखे? ऐसा नहीं है यहाँ दलित नेता नहीं हुए।

दलित अफसर भी कितने बड़े पदों पर हैं लोग। पर सुनीता का दुख यह है कि पारधी दुर्लक्षित ही रहा हमेशा। सुनीता कहती है कि वे नेता आगे आते तो उनकी बातें सुनते लोग क्योंकि जो वजन उनकी बात में है वह मेरे कहने में कहाँ? दो पारधी महिलाओं को पुलिस ने जेल में ही मार दिया अरुणा काले, जामू काले। कहीं कोई खबर नहीं। सच स्त्री श्रम और स्त्री देह से सस्ता आज भी कुछ नहीं। कोई होता अगर सचमुच समता पर अमल करने वाला तो इनकी भी स्थिति बदलती। परन्तु आज का सच तो बकौल कुमार विकल यही है–

मैं एक ऐसी व्यवस्था में जीता हूँ
जहाँ मुक्त ज़िन्दगी की तमाम सम्भावनाएँ
सफेद आतंक से भरी इमारतों के कोनों में
नन्हें खरगोशों की तरह दुबकी पड़ी है

–कुमार विकल

मैं लौटती हूँ सुनीता के दुख से एक विश्वास लेकर उसका दुख ही एक दिन इस दुनिया को बदलेगा।

वैशाली हळदकर

दिन भी निकलेगा कभी
रात के आने पर न जा

महेश भट्ट के साथ वैशाली

एक असमाप्त कथा मुझे जगा रही है

यदि आप भी होना चाहते है, एक खतरनाक आदमी
तो स्वीकारिए मेरा प्रस्ताव, इधर आइए
अपने रहस्यों के साथ.......

—कात्यायनी

यह एक असमाप्त कथा है जो किसी भी मनुष्य (?) की सुख भरी नींद में खलल डालने का अपराध कर सकती है। इसको सुनने और पढ़ने मात्र से आप नर्क के भागी हो सकते हैं। यह देह के अनेक रंगों की बात करती है। ये सारे रंग बुद्धिवादियों (यह भी विचित्रवाद है।) और नैतिकतावादियों के लिए एलर्जी हैं। यह शाश्वत बैतालियन (बैताल का) प्रश्न है जिसका जवाब न देने पर किसी भी पत्रिका के संपादक के सिर के सौ टुकड़े हो ही जायेंगे। यह साहित्यिक गरिमा पर आघात है। यह कुलीनतावाद

का विध्वंस है। शुक्र है यह मराठी में ही है। हिन्दी वैसी ही साफ झक्क सफेद बिना आँच आयी। एक बारबाला का आत्मचरित्र है, आत्मकथा नहीं। आत्मकथा के दोषों से मुक्त यह आत्मचरित्र झुग्गी-झोपड़ियों से यात्रा करती पुरुषों की हमबिस्तर हुई कुछ बौद्धिक और साहित्यिक स्थापनाएँ दे जाती है। जीवन की पाठशाला मनुष्य को शिक्षित करने की एक मात्र संस्था है। बारबाला की सामाजिक छवि निष्कलंक नहीं होती, इसीलिए इस आत्मचरित में झूठ का मुलम्मा नहीं चढ़ा। बौद्धिकता का तमगा नहीं है, इसीलिए शब्दों का फरेब नहीं हुआ। यह बात और है कि गाँधी जी इस सन्दर्भ में कहते हैं—"चटख और अलंकृत भाषा सच के लिए वैसी ही पराई है जैसे एक स्वस्थ उदर के लिए गर्म मिर्चे।"

यह आत्मदर्प और आत्मदया से मुक्त एक निर्दोष चरित है। कहा जाता है जिस समाज में अनाथालय और वृद्धाश्रम हो वह समाज घोर अनैतिक समाज होता है। यह बाजार की कथा है पर बाजार स अछूती है। यह लिख सकती थी वैशाली ही, नहीं लिख सकते थे अमृतलाल नागर, (ये कोठेवालियाँ) ना ही प्रमिला कपूर (कॉलगर्ल) ना ही मधु कांकरिया (सलाम आखिरी?) जगदंबा प्रसाद दीक्षित की बात और है (मुर्दाघर)। ऐसा क्यों हुआ? जवाब में नरेश सक्सेना की पंक्तियाँ ही उद्धृत करूँगी—

पुल पार करने से
पुल पार होता है
नदी पार नहीं होती
नदी पार नहीं होती, नदी में धँसे बिना

दरअसल नदी में धँस कर नदी पार करती हुई वैशाली की यात्रा मैं की होकर भी 'मैं' वाद से मुक्त है, इसीलिए वह बृहत्तर सर्वहारा समाज की कथा बन जाती है। अपराधियों का समाज शंकर (मुर्दाघर) जैसे तमाम लुंपन चरित्र अभिजात वर्ग की शालीनता (?) का ही प्रतिफलन हैं। इसका कोई प्रायश्चित है? (राजेन्द्र जी सुन रहे

हैंना।) याद आते हैं पंकज चतुर्वेदी "जहाँ जीवन की अश्लीलता को शालीनता की चादर से ढक कर जीन को ही सभ्यता माना जाता है, वहाँ बड़े लोगों के बारे में सच कहने-सुनने की आदत कैसे होगी?" इन गरीब, अपराधी कमजोर असमाजिक तत्वों से बनी दुनिया की स्त्री और कुलीन पूँजीपतियों की पत्नियों का दर्द एक-सा ही है? शोषण एक जैसा ही है? अगर हाँ तो, हमें अनचाहे सलाम करना होगा उस महिला पुलिस (शायद जेल) अधिकारी को जिसने इराकी कैदियों को निवस्त्र कर पिरामिड बना कर उनके ऊपर चढ़कर अमेरिकी लैग लहराया। वैशाली (वर्षा काले की बातचीत) लिखती हैं—"अभिजात वर्ग और दमित अर्थात् अलक्षित (दुर्लक्षित) वर्ग के मूल्यों में बहुत अन्तर है। अभिजात वर्ग स्वार्थ, हिंसा? प्रतिशोध और सत्ता की वासना को धर्मयुद्ध का नाम देता है और इस धर्मयुद्ध की आड़ में निर्दोषों का वध किया जाता है" आँखों देखी एक घटना का जिक्र करने का लोभ संवरण नहीं कर पा रही हूँ स्त्री-विमर्श पर संगोष्ठी चल रही थी। मंच गरज रहा था, बरस रहा था। श्रोता भीग रहे थे। सामाजिक न्याय और साम्यवाद का नारा सेमिनार हॉल अतिक्रमित करके बाहर जाने को ही था कि आ गयी हॉल साफ करने वाली बाई झाड़ू लेकर; जिस डाँट और अपमान के साथ वह भगाई गयी। (जाहिर है मंच की माईक से तो नहीं ही। कुछ बातें ऑफ माईक भी हुआ करती हैं।) सीढ़ियों पर बैठी वह और उसकी आँखों के आँसू। अब भी वहीं जड़ होकर रह गये हैं। सच तो यह जीवन के सत्य में और साहित्य के सत्य में गहरा गैप है। न नजर आने वाला, टी. वी. के रियाल्टी शो की तरह। साहित्य में युग परिवेश घटनाएँ कितनी-कितनी असली लगती हैं क्योंकि यहाँ भाषा की अर्थगत गत्यात्मकता से परिचित ही नहीं बल्कि उसकी समस्त सम्भावनाओं का खुलकर प्रयोग करने वाले लोग हैं। प्रतीकों, बिम्बो, मुहावरों, कथनों, अभिव्यक्तियों का समृद्ध जखीरा है इनके पास। उसका इस्तेमाल 'न्यूड मेकअप' की तरह

करते हैं। बारबाला वह लड़की है जिसके पिता ने उसका उपभोग करना चाहा और बेटे ने बलात्कार किया। वह भाषा को नया रंग, नई छटा देने में असमर्थ है। (महेश कटारे जी कभी आपने हंस में पत्र लिखा था। पिता होने के नाते वह दर्द स्वाभाविक ही था। एक पिता का सत्य सभी पिताओं का सत्य नहीं हो सकता, पर एक पिता के अपराध पर सभी पिताओं को शर्मिन्दा होना चाहिए।) वैशाली एक जुलाई 1967 में पैदा हुई और बित्ता भर की उम्र का अनुभव सात जन्मों पर भारी है। बावजूद इसके उसकी मानवीय हमदर्द आँखें सारी दुनिया का दुख-दर्द टटोलती चलती हैं। वैशाली लिखती है यह आत्मचरित पाठकों को क्या देगा? मैं नहीं जानती पर इसने मुझे बहुत कुछ दिया। इसको पढ़ने के बाद यदि लाखों बारबालाओं की तरफ देखने की दृष्टि कुछ ही लोगों की ही सही लेकिन बदलती है तो भी बहुत होगी। यह भोली आशा उसी समाज से जिसके मूल्यों को उसने पहले ही रेखांकित कर दिया है। फिर भी पूछने का मन करता है मेरा, 'ज्यों की त्यों धर दीन्ही चदरिया' का दंभ भरने वाले समाज से भाईयों (?) और बहनों (?) कितनों की चादर दागदार बनाने की कीमत पर आपने अपनी चादर को बेदाग सिद्ध किया है। "मैं चालू हूँ, मैं पापी हूँ, वेश्या हूँ, रंडी हूँ, छिनाल हूँ।" पिता से लेकर पति तक ने चीख-चीख कर यही सिद्ध किया है।" (वैशाली—'बारबाला') मैं इस कथा को या इसके सार को प्रस्तुत नहीं कर सकती ना ही ऐसा करने की बाध्यता है फिर भी कुछ बातें अवश्य करूँगी। उम्र के पाँचवें वर्ष से ही वैशाली की भूख ने उसे देह का इस्तेमाल करना सिखा दिया। भास्कर काका से लेकर केलेवाला तक। पेट की भूख के साथ स्नेह और आत्मीयता की भूख भी वैशाली की कमजोरी थी। माँ-पिता के आपसी सम्बन्धों की कड़वाहट वैशाली पर कहर बन कर टूटती। दस वर्ष की उम्र में ही वह पड़ोसी को अपने शरीर से केवल इसलिए खेलने देती कि वह उसे अपने सीने पर सिर

रखकर सोने देता था। चौदह वर्ष की उम्र तक आत-जाते पुरुष देह की नौ वर्ष की यात्रा उसकी देह ज़ब्ज कर चुकी थी। यद्यपि वह कहती है इतनी उम्र ही में ज़िन्दगी की धज्जियाँ उड़ गयी थीं। फिर भी उसका हृदय इस उम्र तक जिये अपने जीवन के लिए किसी को दोषी नहीं ठहराता। वह पाप-पुण्य भी नहीं मानती, ना ही दैहिक आनन्द की अनुभूति है उसे। वह एक कमर्शियल दृष्टि से इसे देखती है। मैं पेट की भूख शान्त करती हूँ वह यौन इच्छाओं की; हिसाब बराबर। माँ घर छोड़कर चली गयी और पिता आधी रात को छाती का नाप ले रहे हैं। मामला समझ में आते ही वह छलाँग मार कर बाहर। पिता ने उसकी सहेली की छाती ही दाब दी। ऐसी स्थिति में वह दिलीप की शरण गें गयी और अप्राकृतिक रूप से स्थापित किये दैहिक सम्बन्धों को सहती, पीड़ा से तार-तार होती, विवाह की आशा किये मौन रहती, गर्भ के सातवें महीने में वह इसी तरह सौभाग्यवती हो गयी। दैहिक मार और गालियाँ ज़िन्दगी की दिनचर्या में शामिल हो गयीं न कि अन्याय व शोषण में। जहाँ वह सपनों का संसार लिए बसने आती है मालाड पश्चिम में मालोनी (मुम्बई) दरअसल यह जगह और यहाँ ज़िन्दगी किसी और भारत का दर्शन कराती है। जिसे आप राष्ट्र का लांछन नहीं लांछित राष्ट्र कहेंगें। दो भारत हैं एक आपके पास (यह 'आप' का बहुत बड़ा समुदाय है) जिस पर गर्व करते हुए आप दुनिया के नक्शे पाकिस्तान को मिटाने का सपना देख सकते हैं। एक भारत इनके पास है जिस पर शर्म करते हुए थूकते खँखारते मरते, मारते, नोचते, खसोटते लोग। यहाँ गरदुल्ले हैं, जेबकतरे हैं, रंडियाँ हैं, बारबालाएँ हैं। प्लास्टिक की झोपड़िया है। पानी की लंबी कतारें। यहाँ नंगी उजड़ी भाषाएँ हैं। नील उभरती पीठों का सौंदर्य (?) सिनेमा और साहित्य का अक्षय खदान, कच्चा माल। ये खुद ही एक दूसरे को मिटाने की पुरजोर कोशिश करते हुए भी नहीं मिटते। हर जाति व हर धर्म के लोग हैं। इनकी

आपस में बनती न बनती-सी दुनिया है। तथाकथित धर्म की दृष्टि से यह घोर अधार्मिक है। पर दंगों में ये बड़े काम के सिद्ध होते हैं। बड़ा ही महत्त्व बढ़ जाता है इनका। यह चाँद पर चढ़े इंस्पेक्टर मातादीन समझते हैं अपने को। वैशाली बिना भाषा के ले जाती है, इसी भारत के बीच जहाँ पहुँच कर आप सोचने को बाध्य होते हैं क्या तुलसी की पंक्तियाँ सत्य हैं? 'बड़े भाग मानुष मन पावा।' किसे देखकर पंत ने कहा था?—'मानव तुम सबसे सुन्दरतम। दो झोपड़ियों के बीच प्लास्टिक का परदा और उस परदे के पीछे एक पति अपनी पत्नी के हाथ-पैर बाँध कर मुँह में बोरा ठूँस कर पीटता है। उसके मुँह से घायल जानवर की तरह 'गों गों' निकलती है और उसी अवस्था में वह दोनों पैरों को बाँधकर बलात्कार करता है। यह एक दृश्य है ऐसे अनेक दृश्यों से मिलकर जीवंत होती हे यह पाशविक दुनिया। इनकी कोई सुबह नहीं। ना कोई समाधान। बहसें चुप हैं। विमर्श लँगडा, आन्दोलन कायर हैं। पुरस्कारों की होड़ में जुटे बुद्धिजीवी नपुसंक, (उदय प्रकाश की तर्ज पर कहूँ तो यह सब उसी समय में हो रहा था जब संसद में लहराई जा रही थीं नोटों की गुड्डियाँ (कृपया तारीखों में न फँसे) अनेक राज्यों में मारे और भगाए जा रहे थे यू.पी. बिहार के लोग। और मीडिया के लिए सबसे बड़ी राष्ट्रीय समस्या थी शाहरूख और अमिताभ बच्चन की अनबन और अमिर खान के कुत्ते का नाम) दिनेश कुशवाहा के शब्दों में अपना दर्द कहूँ तो—

"मैं कौन-सा तप करूँ?
कि यह दुनिया बदल जाये!"

यह गृहस्थिन वैशाली का परिवेश है। अर्थात् एक दुनिया। दूसरी दुनिया तो और भी अफलातून है 'बार' की दुनिया उसकी अभिव्यक्ति के लिए है, वैसी ही अफलातून भाषा उसके पास। डिल्थे कहते हैं—"आत्मकथा सर्वोच्च गहनतम रचना-कवधान है, जिसमें ज़िन्दगी की समझा हमारे समाने प्रकट होती है।" वैशाली

दो बच्चों की माँ बन गयी। तीन पेट हो गये वैशाली के। चड्ढी और ब्रेसियर तो वह अब तक नहीं जानती। मार खाती है और सूजी आँखों में कल्पना का रंग भर सपने देखती है, वैशाली रंगों की दुनिया जानती है दरअसल रंगों की लुकाछिपी ने ही उसे व्यभिचारी करार दिया। वैशाली लिखती है "मैं समझ नहीं पाती हूँ कि मनुष्य-मनुष्य से क्यों नहीं बोल सकता? अपनी पसन्द के आदमी से संवाद स्थापित करने पर दुःख घटता है।" लहराते हुए चलती हुई लाशों के सामने यह बयान 'फरियाद' बेमानी है। रोज की भूख से निपटने का रास्ता उसने 'बार' में ढूँढ़ा यहाँ हर कोई हर कीमत पर अपने-अपने समय के भीतर सभी रंगों के साथ छा जाना चाहता है। अधिकतर भड़ुवे और दलाल भाई, पिता और पति ही होते हें जो बार के दरवाजे तक स्त्रियों को छोड़ जाते हैं विविध स्तरीकरण वाला वर्ग है, यहाँ। बारबालाएँ वेटरगर्ल, बारडांसर, बारगायिका भी। इसी स्तर से तय होता है इनकी (बे) इज्जत का परिमाण। यह एक स्वायत्त समाज है जिसके नियम और कायदे भी अलग हैं भाषा और मुहावरे भी अलग। मसलन 'संभोग' के लिए रक्तदान का प्रयोग। मुखमैथुन के लिए 'फ्रेंच' का प्रयोग। सायलेंस व फ्री बार में लड़कियाँ शराब के साथ चखना की तरह परोसी जातीं। वैशाली इस दुनिया में पैर रखने से पहले तटस्थ होकर जीवन की ओर देखती है, सोचती है—"अब और क्या घटेगा मेरे जीवन में? अब क्या बाकी रह गया? दो वक्त के भोजन की चिन्ता नहीं चाहिए, ना ही बच्चों का अंधकारमय भविष्य। अपेक्षा बड़ी नहीं थी, पर जिस तरह की ज़िन्दगी मैं जी रही थी उस तरह की ज़िन्दगी और कितने दिन तक चल सकती है। घर की दुनिया में हाथ-लात से कुटाई होती 'बार' की दुनिया में हथियारों से लैस हत्यारे भेजे जाते। फिर 'बार' में माईक पर फरमाईश गीत। दो वक्त के भोजन की कीमत कुछ ज्यादा नहीं लगती क्या?

जिसके पास थाली है
हर भूखा आदमी
उसके लिए सबसे भद्दी गाली है

—धूमिल

वैशाली लिखती है—ग्राहकों के साथ मीठा-मीठा हँसना उनकी आँखों में आँखें डालकर देखना। उनके आने पर खुश होने का अभिनय करना ये सब धन्धे का ऊसूल की समझ कर हम सीखती हैं। हमारी व्यावसायिकता को कई बार ग्राहक सत्य समझ लेता है। बार समुदाय की लड़कियाँ अधिकांशतः अर्धशिक्षित होती हैं। कमोवेश वैशाली-जैसा ही जीवन। आधी रात को घर लौटती वैशाली की जाँघों पर किसी ने लोहे के सलिए से मारा वह चीख पड़ी बबलू के पापा (दिलीप) अँधेरे में कम्बलों से लिपटे आदमी की केवल सफेद पैंट कौंधी थी। किसी तरह जब घर पहुँची दिलीप खाट पर सोया था पर जाग रही वैशाली की आँखों में सोए दिलीप की सफेद पैंट। इस तरह दिल दहला देनेवाले अनगिनत अनुभव 'बार' से लेकर ओशो के आश्रम तक। ओशो के अनुयायियों के छद्म पर वैशाली हँसती है, तो बार के पुरुष साथियों की बात सुन कर हैरान होती है। किसी स्त्री के साथ रात बिताने के बाद सुबह उठ कर अपने साथी से उसका अश्लील वर्णन! फिर एक से दूसरे, तीसरे, चौथे तक पहुँचकर सामूहिक हिंसा की तैयारी। वैशाली के समूचे जीवन में टारजन ही सुखद बादलों का झोंका था जिसे उसने स्वयं खो दिया। पड़ोस की पाँच वर्ष की लड़की और टारजन के सम्बन्धों पर उसे शक होता है, क्योंकि इसी उम्र में उसने भी तो सेक्स को जान लिया था। इधर ओशो के आश्रम में जाने की वजह से 'बार' के साथियों का अभद्र व्यवहार "काय गं, ओशो आश्रमात फार मोठे-मोठे...असतात ना? (क्या रे? ओशो के आश्रम में बहुत मोटे-मोटे बड़े-बड़े...होते है ना) "क्या रे ओशो तेरे आश्रम में तो बड़े-बड़े...होगें न। आगे से, पीछे से ले धमाल।

उसके अनुभवों का निचोड़ यह मानने पर बाध्य कर देता है कि यह "ऐसा राष्ट्र है जहाँ अपमान के सिवाय कुछ भी नहीं है।" तमाम अवांतर कथाएँ हैं जो भिन्न-भिन्न समुदाय की त्रासदी का आख्यान हैं। कभी पेट कभी पासपोर्ट तो कभी अन्य कारणों से उसका शरीर खुलता है मर्दों के लिए और बन्द होता है अपने लिए। एक परिचित (बार में आने वाला) घर आया उसे वैशाली छोड़ने गयी। अँधेरे में लगा उसे मारने। वैशाली देह का मनोविज्ञान खूब जानती थी वह उसे लेकर एक कोने में चली गयी। वैशाली लिखती है—उस वक्त मेरे शरीर पर केवल गाऊन था मैंने गाऊन निकाला चड्ढी निकाली उसे 'काम' करने दिया। क्षण भी नहीं लगा उसे स्खलित होने में। इतने के लिए ही वैशाली की तो जान पर बन आयी थी। 'खड़ी खाट खड़ी लड़की जो चाहे बिछा ले।' इसी तर्ज पर वैशाली का जीवन चलता रहा। इसी बीच बार डांस के बन्द होने के आदेश ने इस दुनिया की लड़कियों को सकते में डाल दिया अफरातफरी मच गयी विकल्पहीन दुनिया थी इनके सामने यूनियन, नारे, जुलूस, चर्चा, अखबार की रंगीनियाँ दिमागी जुबाँ की टॉफी हो गयी जिसे भरे और अघाए लोगों का दिमाग चुभला रहा था। बेटे बबलू के बदलते व्यवहार से भी इधर वैशाली परेशान थी। वह माँ के साथ अश्लील हरकतें करता था। अंततः वही हुआ जो नहीं होना चाहिए। जमीन यकीन नहीं करती। आसमाँ यकीन नहीं करता पर हुआ वैशाली कहती है। छब्बीस जुलाई को मेरे बेटे ने ही मुझ पर बलात्कार किया। यह घटित होने से पूर्व तक मुझे भी विश्वास नहीं था। प्रियवंद उसे माफ ही करेंगे उनकी कहानी 'बूढ़े का उत्सव' की माँ वैशाली न बन सकी। अंततः एक स्त्री ही थी वह। निरन्तर पुत्र के मरने की कामना करने लगी। शिर्डी ले जाकर छोड़ भी आयी! इसी बीच वर्षा काले का नैतिक सम्बल मिला। और उन्होंने ही लिखने के लिए प्रेरित किया। नागपुर 'बार' में काम करते हुए वैशाली ने लिखना शुरू किया। स्मृतियों में लौटना भयावह ही था कितने ही

धागे जीवन के जुड़ते गये माँ-पिता, दिलीप, टारजन, आशू। लिखना शुरू करते ही रोना शुरू हो जाता। सम्पूर्ण महाभारत इतनी-सी उम्र में कौन यकीन करेगा? और कैसे यह जानती है? कि आत्मचरित आत्ममुग्धता से उबर कर ही लिखा जा सकता है। कहीं भी 'बारबाला' अपने को दोष मुक्त नहीं करती! वैशाली लिखती है कि गलतियाँ उससे भी हुईं, परन्तु उन गलतियों के आधार पर व्यभिचारी सिद्ध किया जाना एक सजा थी, जिसके लिए कोई फरियाद नहीं! जिसे होना चाहिए था एक शास्त्रीय गायिका। किशोरी अमोनकर या शुभा मुद्गल की तरह, वह बारबाला कैसी बनी? वह स्वयं कहती है कि मैं नहीं जानती कि इसके लिए परिस्थितियाँ दोषी थी या मैं? 'नन्द' और 'मारवा' राग का धनी पिता बेटी के बिस्तर तक क्यों पहुँचा? दो बच्चों की माँ (वैशाली की माँ) घर छोड़ कर क्यों गयी? और स्वयं वैशाली राग यमन की दीवानी थी राग यमन मध्यम कोमल होते हुए भी। है तो रात्रि के पहले प्रहर का राग। रवि का अस्त अर्थात् प्रकाश का लोप। यही समय तो वैशाली के जीवन पर भी छा गया। वैशाली के ही शब्दों में "मैं स्वयं को वेश्या नहीं समझती थी। मन के किसी कोने में 'एक प्रतिमा'। यशस्वी कलाकार की अपनी ही प्रतिमा छिपा रखी थी। बाहर से कोई मुझे कितना भी मारे-पीटे खून से लथपथ होकर भी मैंने उस प्रतिमा को प्राणों से अधिक सहेज रखा था। पर उस प्रतिमा को मैं कहाँ अक्षुण्ण रख पायी? न जाने पुरुषों को मेरी देह से ऐसी कौन-सी गन्ध आती थी? कि वे समझने लगते थे इसे भोगा जा सकता है।

वैशाली ने संघर्ष करना सीख लिया। वैशाली जानती है सभ्य समाज की परिभाषा (स्वंय वैशाली के शब्दों में पेट में और मुँह पर और दिखावे के समाज को सभ्य समाज कहते हैं।) उसे फेमनिस्टों का आधार नहीं चाहिए—

यहाँ तक आते-आते सूख जाती हैं कई नदियाँ
मुझे मालूम है पानी कहाँ ठहरा हुआ होगा।

वैशाली जैसे लोगों को खिलने के लिए इस ठहरे पानी का सड़ना एक अनिवार्य स्थिति है। परिवर्तन की प्रक्रिया है। और हाँ शरीफों की दुनिया को बदनामी प्रूफ एक मुकम्मल रेनकोट की जरूरत है। वैशाली नाम की भाप जलभरे घने बादलों में बदल गयी। बी.ए. के द्वितीय वर्ष में वह और एल.एल.बी. भी करना चाहती है अनेक लोगों के उपहास के बावजूद। हजारों लाखों लड़कियों की तरफ समाज केवल मनुष्य समझ कर देखे तो हो सकती है यह फिनिक्स पक्षी। अपने विनाश के ही अवशेषों से पुनःनिर्मित। वैशाली का प्रिय गीत भी तो है–

दिन भी निकलेगा कभी
रात के आने पर न जा

यह एक असमाप्त कथा है। राजा को शर्त में हरा कर राज-पाट छोड़ने पर मजबूर करने वाली कथा। जीवित हाड़-माँस की कथा। फिलहाल तो इस पर इतना ही–

(यह एक देह कथा है, देह रस नहीं)

(शीर्षक कात्यायनी की पुस्तक 'कुछ जीवंत कुछ ज्वलंत' से)

ये दुनिया अगर मिल भी जाये तो क्या?

SEXWORKERS RIGHTS
=
HUMAN RIGHTS
SEX
UNITE!

मुझे काम रोने से अक्सर है

'मुझे काम रोने से अक्सर है, नासह
तू कब तक मेरे मुँह को धोता रहेगा।'

—मीर

नाम आशा उम्र पचास के ऊपर रंग गहरा साँवला, आँखें बेहद सुन्दर, पानीदार बरबस रसलीन की याद आ जाती है।

अमिय, हलाहल, मद भरे श्वेत श्याम रतनार
जियति, मरत, झुकि-झुकि परत जेहिं चितवत इक बार

इन आँखों में देर तक देखा ही नहीं जा सकता। प्रश्नों का तीखा एहसास तीर की तरह कहीं धँसता जाता है वह मुँह खोलती है, शुभ्र दंतपंक्तियाँ झिलमिला उठती हैं लिखोगी। हाँ! अच्छा? क्या कर सकती हो मेरे लिए? देखो मेरी ओर, मेरी उम्र है, धन्धा करने की? तुम्हारी सरकार कुछ करे हमारे बच्चों के लिए तो मानूँ उसे

बहादुर? (मैं चौंकती हूँ मेरी सरकार शायद हाँ। शायद नहीं) बच्चों के लिए कोई आश्वस्त करे तो अभी छोड़ दूँ, यही मेरे जीवन का पुनः स्थापित होना है। एक पैर जेल में एक बाहर। चाहे मारो-पीटो, चाहे फाँसी पर चढ़ा दो। जब बाहर निकलूँगी तब यही करुँगी। मेरे बच्चे होनहार हैं। पढ़ाना चाहती हूँ। अभी भी जेलर मैडम की दया पर दो दिन की छुट्टी लेकर बच्चे के एडमिशन के लिए यहाँ आयी हूँ समझी तुम। (रोष से भर कर) कितने प्रश्न हैं, उनके पास। मेरे पास बेहद लचर भोथरी दलील है। कुछ दूसरा कर लेना चाहिए। बालमजदूरी अपराध है बन्द करो परन्तु विकल्प? ऐसे ही कभी मत्स्यपालन पर। (म.प्र.) प्रतिबन्ध की बात उठी थी, बिना ठोस और मुकम्मल विकल्प के इस तरह का प्रतिबन्ध क्रूर अमानवीय अपराध है।

आशा विदुषी है, वह अपने समय को बखूबी पहचानती है। उसने हाशिए की ज़िन्दगी स्वीकार नहीं की है। आत्मसम्मान की तड़प लिए, वह जीती जागती पीड़ा है, केवल पीड़ा। वेश्याओं के बच्चों के पिता नहीं होते इतना तो जानती हो न तुम तब बताओ जब पुलिस वेश्याओं को जेल में ठूँस देती है, तो उनके बच्चों की देखभाल कौन करता होगा? इस प्रश्न पर मैं चौंक उठती हूँ। निश्छल मासूम बालक-बालिकाओं को आवारागर्दी के आँवे में पकाकर भविष्य की वेश्याएँ और शातिर अपराधी तैयार करने में सामाजिक व कानूनी संरचना की कितनी बड़ी भूमिका है? आशा सहज ही उसकी ओर इशारा कर देती है। उनके प्रश्नों के कटघरे में, मैं और आप ही नहीं पूरा भारत खड़ा है। मैं सोचती हूँ। जैसे महानगरपालिका कुतिया को उठाकर ले जाती है, नसबन्दी करके छोड़ देती है, वैसे ही इनके साथ क्यों नहीं करती। आबादी और अपराध दोनों के नियन्त्रण में एक महत्वपूर्ण कदम। (माफ करना आशा मैं तथाकथित सभ्यता खाती हूँ संवेदनहीनता उगलती हूँ।) लेकिन मातृत्व के हक को लेकर एक पागल स्त्री

के पक्ष में दी गयी वकील अंजली की दलील याद आती है। जिसका कोई न हो अगर एक सम्बन्ध अपना कह सकने वाला बने तो बुरा क्या है? सच ही तो है। बाँसों की जड़ों पर प्रहार क्यों? कभी सम्बन्धों की बाँसुरी भी तो बजने दो। इनके जीवन में बाँसुरी का बजाना इतना भी बुरा नहीं।

सारी ज़िन्दगी बददुआओं के थेपेड़े झेलती अनावृत्त देह से यह स्त्रियाँ हर रात किसी पुरुष से सम्बन्ध जोड़ने के बावजूद सम्बन्ध विहीन जीवन जीती हैं। मैंने देखा है, एड्स से झुलसी, तीली-जैसी मृत देह प्लास्टिक में लिपटी किस कदर ससून हॉस्पिटल के बाहर फेंक दी गयी। और फेंक दी जाती रही है यदा-कदा कभी कोई वेश्या अपने भयावह भविष्य का संकेत समझ कर उठा ले जाती है, इन्हें ताकि लाश को इंसानी इज्जत देकर दो चार लकड़ी ऊपर डाल कर फूँका जा सके। मैंने तो थर्रा देने वाली जीवित लाश देखी है। अरे कोई इतना दुबला भी हो सकता है, क्या? उसकी देह सूती अँगोछा झेल पाने में असक्षम। वह बैठे-बैठे घिसट रही थी। मेरे भीतर झुरझुरी दौड़ गयी। मेरी रीढ़ सनसना रही थी, मैंने भय का रंग देखा। मैंने मौत से पहले की मौत देखी। वे आँखें मैं नहीं भूल पाती। उन आँखों की पीड़ा से मेरी हर पीड़ा बहुत छोटी है। मै लौटती हूँ धीरे-धीरे अपने में। आशा के सामने अपने को स्थिर करती हूँ। आशा फिर वही अरे हम अपने गुनाह का दंड भुगतते हैं ना। बच्चों को इतना बड़ा दण्ड क्यों? मैं इन्तजार करती हूँ। आक्रोश थमने का नाम ही नहीं लेता। अमरकंटक की पतली धार धुआँधार की रौद्र शक्ल अख़्तियार कर चुकी है। उसे पुनः पतली धार में समेटने के लिए नये शिव की जरूरत है। मैं घर की पूर्व स्थिति के बारे में जानना चाहती हूँ सिवाय प्रतीक्षा के कोई चारा नहीं। मुझे केवल दो आँखें दिखाई देती हैं। धधकती ज्वालामुखी। शादी करके ससुराल आयी ससुर ने सास को मार डाला। पति और ससुर दोनों पियक्कड़ थे। मुझे ससुर और पति

दोनों भोगते थे। हमेशा भय में जीती थी कि एक दिन सास की तरह मुझे भी मार डालेंगे। किससे कहूँ? कहाँ जाऊँ? इसी भय से घर छोड़ दिया मैंने। रास्ता वेश्यालय तक लेकर आया। समाज और व्यवस्था वेश्यावृत्ति के मूल कारणों को नहीं जानना चाहता। बस दो टूक यह अच्छा, यह बुरा। अमीर आदमी पैसे देकर अपने बच्चे का भविष्य खरीद लेता है। अच्छे स्कूल, अच्छे कॉलेज, मेडिकल, इंजिनियरिंग में एडमिशन खरीद लेता है, अच्छी नौकरियाँ खरीद लेता है। फिर वह इस भाव से मुझे देखती है, क्या मैंने गलत कहा है? बन्द लिफाफे का खुला रहस्य आशा के मुँह से सुनने में मुझे दिक्कत हो रही है। आशा के शालीन आक्रोश में अपशब्दों के लिए कोई जगह नहीं है। मुझे एक प्रतिष्ठित इज्जतदार (?) स्त्री की याद हो आयी, जो बात की बात में किसी भी स्त्री को 'रंडी' कह जाती हैं। हँसते-हँसते किसी के भी कपड़े उतारने की नंगी और क्रूर भाषा का घातक हाथियार है, उनके पास और यह सब इतना सहज था उनके लिए कि, सात तालों के भीतर उनकी मानसिक विकृति तक अच्छों-अच्छों की पहुँच नहीं थी। उनकी सहजता सत्य का भ्रम देने लगती थी। भारतीय समाज की निषेधात्मक वृत्ति के अंतर्जाल के भीतर घुटती साँसों के साथ जीने वाली मामूली स्त्री 'मैं' और मेरे लिए, नैतिकता-अनैतिकता का निर्णय हमेशा कठिन रहा है, इसके बावजूद मेरी दृष्टि में आशा सुन्दर शालीन, चरित्रवान विदुषी महिला हैं, उनके पास मानवसमाज के बेहतरी के लिए स्पष्ट विजन है। बस एक सभ्य समाज की तलाश है, जो उन्हें अपने में शामिल कर ले। यह 'जानवर' यह 'बिरवा' यह 'पतंगा' यह 'परिन्दा' औरत होना चाहती है, अपने समय की मुकम्मल औरत।

यह सच है, कि रजनी के आग्रह पर 'समकालीन रचना के सरोकार' के लिए मैंने 'रंग खतरे में हैं' लिखा था परन्तु पूरी तरह यह 'ज़िन्दा

कहानियाँ' के पात्रों और परिवेश को ही अभिव्यक्त करता है इसीलिए इसे बिना किसी तराश और परिष्कार के ज्यों का त्यों प्रस्तुत कर रही हूँ। आशा और शोभा ही इसके केन्द्र में है, इन्हीं कथा का यह विस्तार है–

रंग खतरे में है...

चार फरवरी ज़िन्दगी का ऐसा दिन जिसने मेरे आँचल में ढेर सारी धूप उड़ेल दी। मैं उसकी आभा से इतनी उब-चूभ कि खुशी समाये नही समा रही। इसीलिए लिखने बैठी वरना इतनी बेतरतीब मैं क्या डायरी लिखूँगी? और रजनी तुम सुन रही हो ना। जानती हूँ, सुन कर वैसी ही तुम ठठा कर हँस पड़ोगी जैसे कि अक्सर हँसती हो पूरे मन से। जैसे कि रोती हो पूरे मन से जैरो कि लड़ती हो पूरे मन से। एक औरत की तरह। मुक्कमल संवदेनशील औरत। आज मैं अहमदनगर गयी एक रिकार्डिंग की सिलसिले में 'ज़िन्दा कहानियाँ' के कुछ पात्रों (डार्क रूम की उजली छायाएँ) से मिलने ये पात्र दरअसल 'मुर्दाघर'। (जगदम्बा प्रसाद दीक्षित) वाले ही हैं, शोभा, आशा, सुनीता। भाई गिरीश कुलकर्णी को फोन किया कि उन्हें बुला देना। पुणे से मैं मेरा रिसर्च सहयोगी निखिल और बन्धु सुनील देवधर (आकाशवाणी के कार्यक्रम अधिकारी) व उनके सहयोगी किशोर के साथ वहाँ पहुँची गिरीश जी के साथ बैठे ही थे और चाय आ गयी हम लोग चाय पी ही रहे थे कि तब तक शोभा मेरे सामने आकर खड़ी हो गयी। सलज्ज, सिमटी देह, सुन्दर कमनीय मासूम वैसी ही जैसी पहले थी परन्तु दो चीजें जो मेरे सामने थी ध्यान खीचती हुई अद्भुत एक भौतिक दूसरी अभौतिक। एक शोभा का मंगलसूत्र था और दूसरी उसकी आँखों की हँसी। मेरी आँखें झपकना भूल गयी। दीदी मैंनें शादी कर ली मेरा एक रेगुलर कस्टमर था। मुझसे प्रेम करने लगा उसने कहा ये धन्धा छोड़ दे। वो अभी आ रहा है। इतने में शोभा का पति आ पहुँचा। बलिष्ठ सुन्दर मेहनकश होने की प्रतिबिम्ब उसकी देह थी।

उसने दो बच्चों समेत शोभा को अपनाया। बड़े बच्चे को मोटर सायकल दी है। शोभा का घर है शोभा का खेत है। संतरे उगाये और हरी-भरी सब्जियाँ भी। रजनी सच कहती हूँ उसके जीवन से भी संतरे की गन्ध फैल रही है आस-पास को मोहित करती सी। मैं उस पुरुष को देखती हूँ और ढूँढ़ती हूँ अपने विश्वविद्यालय के होनहार युवा चेहरों पर उसी तरह का सम्मानजनकभाव जो एक शोभा के पति अर्थात मैंने उस मेहनतकश मजदूर में देखा। रजनी आज ही विभाग में एक पीएच.डी की मौखिकी सम्पन्न हुई कथा साहित्य और स्त्रीचेतना के सन्दर्भ में मैं छात्रों के सवाल सुनकर लज्जित थी। हमारे ही छात्र ऐसे प्रश्न पूछते हैं, कि किसी बलात्कार पीड़िता स्त्री तक से पुलिस व वकील भी प्रश्न पूछने की बजाय बगलें झाँकने लगे। उनके लिए 'स्त्री विमर्श' अश्लील चुटकुले से अधिक कुछ भी नहीं। रजनी इनमें शामिल होती है तथाकथित आचार्यों की मंद एवं घातक मुस्कान भी। रजनी तुम भी कहाँ भूल पायी होगी न पंजाब में एक इलाके में शायद 13 नवम्बर 2013 दीवाली के दिन ही एक लड़की ने आत्महत्या की। रजनी वह बलात्कार झेलकर भी ज़िन्दा पर यार पुलिसों के सवाल न झेल पायी। रजनी तुम बताओ जे.एन.यू. हिन्दी-विभाग (दिल्ली) 'पुणे विश्वविद्याय का हिन्दी-विभाग।' 'मुम्बई विश्वविद्यालय के हिन्दी-विभाग' में कहाँ है और कितनी है महिला प्रोफेसर? मैं जानती हूँ शोहरत की बुलंदी पर खड़ी स्त्रियों का आईना दिखा कर मुझे चुप कर दिया जायेगा सच कहती हूँ किसी से न कहना परन्तु आजकल यह आईना भी मुझे मनहूस लगने लगा है। खैर मौखिकी की बात तो अधूरी ही रही गयी। बाह्य परीक्षक डॉ. रमा नवले जी थी उन्होंने मंच से कहा स्त्री विमर्श की चर्चा छिड़ते हास्य और मजाक को जो टोन सुनाई देती है। अब हमें इसकी 'आदत' हो गयी है। परन्तु 'आदत' को जैसे उन्होंने कहा उसमें होंठ भींच कर दर्द सहने की अथक कोशिश सी लग रही थी। मन

भीग आया। रजनी कैसे कह दूँ। यह जमीन है हमारे बन्धु सखा जोतिबा फुले की? यह जमीन है सावित्रीबाई फुले की? ताराबाई शिंदे की? यह जमीन है बाबा साहेब की। रजनी क्या तुम्हें याद है मुम्बई विश्वविद्यालय की वह दोपहर जहाँ तुमने कहा था कि "मैं 'को येजुकेशन' में नहीं पढ़ी इस बात का आज भी मुझे दुख है" और एक प्रोफेसर नहीं! मास्टर नहीं! मैत्रेयी दी वाले कुपढ़ मास्टर ने हँसते हुए कहा था कि अरे पढ़ना जरूरी था? या पुरुषों के साथ पढ़ना। सच बताओ रजनी रंग खतरे में है न, कुमार विकल भी तो कहते हैं—

सिर्फ वही लोग बोलते हैं,
जो फूलों की पहचान से वंचित है
और जो रंगों को गलत ढंग
से घोलते हैं।

ऐसे में मुझे शोभा के पति पर सहज यकीन कैसे होता? लेकिन यह सच मेरे सामने था गबन की जिस वेश्या चरित्र जोहरा को प्रेमचन्द घर लाते तो है, मुख्यधारा से जोड़ते भी हैं, परन्तु ज़िन्दगी की सम्भावनाएँ तलाश नहीं पाते और बाढ़ के हवाले हो जाती है या कर दी जाती है, यह प्रेमचन्द की बाध्यता थी। उसी को यह पुरुष थपेड़ों से बाढ़ों से उठाकर घर लाया। रजनी क्या यह आदमी विकल की धूपधर्मी जीवित कविता नहीं है? रजनी जानकर तुम खुश हो न। हाँ मैं भी तुम्हारी हँसी में शामिल हूँ। ठीक वैसे ही जैसे लखनऊ से दिल्ली जाती हुई 'शताब्दी' की बोगी में अँधेरे को चीरती हँसी दो स्त्रियों की उन्मुक्त अकुंठ हँसी। ये आने वाले आठ मार्च की सबसे बड़ी सौगात है हमारे लिए। मैने शोभा से वायदा किया कि स्नेहालय से एच.आई.वी. ग्रस्त बच्चों से मिल कर लौटते समय तुम्हारे घर आऊँगी। शोभा आँखों में विश्वास लिए लौट गयी मुझे जाना है। मुझे वह रसीले संतरे चाहिए जो सम्मान की खाद माटी में पनपे और बढ़े और फल दे रहें हैं। आशा भी आ गयी

लगभग एक वर्ष का अंतराल है हमारे मिलने में कुछ और दुबली हो गयी वह पर उसकी आँखें बापरे! बाप! रजनी तुम क्यों नही आ जाती एक बार। आ जाओ न तुम्हारा मन नहीं कहता इनसे मिलने को? उसने कहा दीदी कैसी हो? और झपट कर मेरी बाँह थाम ली। दीदी बच्चा दसवीं पास हो गया। कॉलेज नहीं भेजोगी? कैसे भेजूँ दीदी? कॉलेज एडमिशन के लिए कागजपत्र कहाँ से लाऊँ? दीदी इस धन्धे में बहुत दुख है, मैं छोड़ रही हूँ। आँखें जाने कैसी-कैसी हो आयी उसकी। मैने कहा आशा क्या बात है? एक आँख रो रही है दूसरी हँस रही है। कमाल है रजनी! आशा भाषा की 'आयरनी' खूब पकड़ती है। दीदी दुख इसलिए है एक औरत को पुलिस ने इतना मारा इतना मारा पूरा शरीर नीला हो गया फिर भी शाम को रोते-पीटते धन्धे पर गयी बोलो न आप कोई औरत इतना मार खाने के बाद धन्धे पे जायेगी क्या? रजनी मैं रोई खूब रोई। मेरे साथ बच्चा निखिल भी रो रहा था। आशा बोली दीदी दीदी आप कितनी बार और किस-किस के लिए रोयेगीं। दीदी एक अच्छी बात बताऊँ एक ट्रक ड्रायवर है, मुझसे प्रेम करता है। शादी करेगा। दीदी मेरे घरवाले शादी में तो क्या आयेगें मैं नाम भी नहीं बता सकती मेरी गर्दन उड़ा देंगे। दीदी मैं खराब हो गयी हूँ ना। रजनी बोलो ना वह कैसे 'खराब' हुई। तुम चाहो तो मैत्रेयी दीदी से फोन करके पूछ लो क्या उसे हम खराब कहें? खैर मेरा मन बावरा है भटकता है लेकिन सच कहूँ। आशा विवाह करना चाहती है उसी ड्रायवर से मुझसे कहती है आप शादी में आयेगीं ना मेरी ओर दो शब्द बोल दीजियेगा 'कोर्ट' में बोलेगी ना। रजनी मैं बहुत जोर से 'हाँ' कहती हूँ और अपनी 'हाँ' से ही डर जाती हूँ। क्या यह सच्ची वाली 'हाँ' है। वहाँ से निकल पड़ती हूँ। आशा का मन कुछ यूँ समझते और पढ़ते हुए—

मुझे लौटा दो बस
इस विशाल पृथ्वी पर

मैने जो बसाया था
एक छोटा सा स्वप्न घर

–कुमार विकल

रजनी इन दो औरतों का यूँ स्त्री समाज की मुख्य धारा में आ जुड़ना स्त्री दिवस के उपलक्ष्य में 'समय' इस से बडी क्या सौगात देगा मुझे? सोचो न तुम क्या ऐसा सम्भव है कि ज़िन्दगी रफ ड्राट को फेयर करने का अवसर दे। परन्तु देखो न शोभा और आशा को दिया ज़िन्दगी की यही आस्था लेकर मैं 'स्नेहालय' गयी। ढेर सार लड़के-लडकियाँ समय साँझ का तीसरा पहर। अभी-अभी माने कल 'सत्यमेव जयते' की टीम यहाँ आकर आ गयी है। बहुत सुन्दर डायनिंग हाल बना है। बच्चे बहुत खुश हैं। आधे बच्चे एच.आई.वी. पॉजिटिव है और आधे अनाथ है। ये बच्चे अभी भी आमिर खान की वे 'हैंगओवर' से नहीं उबरे आमिर खान ने भी एक-एक बच्चे के साथ तस्वीर खिंचवाई है। रजनी यहाँ एक दिन का भी बच्चा है और दस दिन का भी यहाँ चौदह वर्ष की कुआँरी माँ भी है। जानती हो रजनी इनकी लिए नयी दुनिया बनाने के पीछे गिरीश भाई का बहुत बड़ा हाथ है। गिरीश ने इसकी शुरुआत कुछ यूँ की किशोरावस्था से बढ़ती हुई तरुणाई के हाथों में अंगारा तो था परन्तु अंगारे की तासीर न मालूम थी। वह रात में निकलता मित्रें के साथ तफरीह करने और पाता कुछ इलाकों में सड़क पर छोटे छोटे बच्चे टहल रहे है (भगत गली, ममतागली अहमदनगर) ये बच्चे वेश्याओं के थे, जो उन्हें बाहर कर देती क्यों कि कमरे में ग्राहक होते। गिरीश उन्हें देखकर तड़प उठता जब उससे नहीं रहा गया तो वह रात को इन बच्चों को अपने घर रखने लगा। ऐसा ही है गिरीश एक 'मनुष्य' अपनी समग्रता में अपनी सम्पूर्णता में। स्त्री भी है वह और पुरुष भी! यहीं स्नेहालय में है उन्नीस वर्षीय दीपाली एच.आई.वी पॉजिटिव। साँवली भरे-भरे होंठ वाली, आँखों के पपोटों पर हल्की सूजन। वह नहीं जानती ज़िन्दगी के कितने

दिन उसके हाथ में है। मैं उसके सिर पर हाथ फेरती हूँ। पूछती हूँ। उसके बचपन के बारे में उसे याद नहीं कब वह अनाथालय में डाल दी गयी और किसने वहाँ तक छोड़ा उसे पता नहीं। माँ और पापा दोनों का ही नाम दीपाली 'गिरीश कुलकर्णी' बताती है। अचानक उसने मुझसे कहा दीदी मैं मेकअप करने जाऊँ मैं हँस पड़ी हाँ जाओ। रजनी जानती हो उसका मेकअप क्या था मुँह धोकर, बाल सवार लेना बस! हम लौटना चाहते है। देर हो रही थी। हम गिरीश के मुँह से फूटते गीत के बोल को तौलते हुए लौट रहे थे 'ज़िन्दगी का सफर है, ये कैसा सफर कोई समझा नहीं कोई जाना नहीं।' इतनी देर हो गयी साँझ गहराने लगी शोभा के पास जायेंगे तो और देर हो जायेगी। गिरीश भाई कहते हैं वह खाना खिलाये बिना जाने नहीं देगी और वह संतरे सब्जी के पैसे नहीं लेगी। वह बहुत प्यार वह सम्मान से आप लोगों की मेजबानी करेगी। रजनी भारतीय समाज की निषेधात्मक वृत्ति के अंतरजाल में घुटती साँसों के साथ जीने वाली मामूली स्त्री मैं और मेरे लिए नैतिकता अनैतिकता का निर्णय हमेशा ही कठिन रहा है, परन्तु तुम क्या कह सकती हो आसानी से कि ये स्त्रियाँ अनैतिक है? और राम नाम की ढोल गले में बाँधे हत्याएँ और बलात्कार करते पुरूष या आयवरी टावर में बैठ कर चरित्र का प्रमाणपत्र बाँटती स्त्रियाँ ज्यादा नैतिक है। मैं यदा-कदा किसे पन्ने पर कुछ लिख जाती हूँ। जानती हो रजनी मैं ऐसा कब करती हूँ? जब खुशी और अवसाद को एक साथ जीती हूँ। चाहती हूँ दोनों एक साथ आते हैं तो आ जाये पर जाये न एक साथ। अवसाद चला जाय खुशी ठहर जाये। कभी-कभी तुमसे ये सब बतियाने का मन करता है तुम बैठी वहाँ लखनऊ मैं यहाँ पुणे में। कहोगी फोन पर करो मुझे हमेशा लगता है फोन शब्द और आवाज ले जाता है अर्थ नहीं। इसीलिए तुमसे लिखकर बोल रही हूँ और बोल कर लिख रही हूँ।

अरे हाँ एक बात रह गयी तुमने 'इंग्लिश विंग्लिंश' देखी क्या? देखो ना बहुत सुन्दर फिल्म है। एक खूबसूरत किताब पढ़ने का सुख देगा। यह फिल्म रजनी स्त्री सम्मान की पैरोकार है। हमारी ज़िन्दगी के आम सवालों को बड़े खास ढंग से उठाती है और अंतर्मुख करती है। अब मैं सोने जा रही हूँ। शुभरात्रि मेरी संघर्षशील, अदम्य जीजिविषा वाली दोस्त।

अब इन आँखों में कोई कहानी नहीं
कैसे दरिया हुए जिनमें पानी नहीं।

परिशिष्ट

ज़िन्दा कहानियाँ (खण्ड एक) के सन्दर्भ में कुछ आत्मीय टिप्पणियों के अंश यहाँ प्रस्तुत हैं।

डॉ. शशिकला राय की 'ज़िन्दा कहानियाँ' पुस्तक पढ़ी। पुस्तक क्या पढ़ी—अपने तथाकथित सभ्य, सुशिक्षित और सुरक्षित जीवन कोश से बाहर निकल एक पूरी दूसरी ज़िंदगी गढ़ने की प्रक्रिया से गुजरी।

जाति वर्ण और पेशे का मारक दंश, स्त्री होने की अकथ पीड़ा रोज एक मौत मरने का खौफ, अपाहिज शरीर की असहनीय वेदना, दारिद्र्य, अभाव और भूख की मार, समाज संस्कृति और रूढ़ियों के दमघोटू पाश स्त्री या पुरुष में पहचान न बना पाने का कुदरती अभिशाप भोगते, विद्रोह और संघर्ष करते पुस्तक के चरित्र (सिन्धुताई, नसीमा, कुसुम, नजूबाई, लक्ष्मी इ.) अदम्य आशा और इच्छाशक्ति के बल पर न केवल स्वयं खड़े हो जाते हैं बल्कि एक ऐसा संसार रचते हैं जहाँ उनके जैसे सैकड़ों लोगों को आशा के पंख और सुन्दर जीवनाकाश मिल जाता है। इन चरित्रों की वास्तविक कहानियाँ यातना, जीवन-संघर्ष, जिजीविषा और रचनात्मक जीवनऊर्जा (फिनिक्स पंछी जैसी) जैसे शब्दों के अर्थों से रू-ब-रू कराती हैं इसलिए ढेर सारी उपेक्षा, अवहेलना, कष्ट और अपार दुखों को झेलते ये चरित्र करुणा (बेचारगी) के भाजन नहीं बनते बल्कि एक सच्चे और अच्छे इंसान को उनके सामने नतमस्तक होने को बाध्य करते हैं। सामान्य मनुष्य की

असामान्यता और निर्बल का बल देखकर प्रश्न जगते हैं कि कहाँ से आती है यह विद्रोह की आग, दुखों और संकटों के पहाड़ों से टकराने की ताकत, उठने की दुर्दम्य इच्छाशक्ति और आशा, कहाँ से आती है, खुद उठकर दूसरों को आधार देने की प्रकाशशक्ति, कहाँ से पैदा होती है 'मनुष्यता' के लिए जीने की सक्रियता? इन चरित्रों को पढ़ने पर एक बार जरूर यह महसूस हो जायेगा कि भगवान ने हर व्यक्ति को यह बहाल की है बस आवश्यकता उसे जिलाये रखकर एक कदम ही सही आगे बढ़ने की है।

ये चरित्र और उनकी कहानियाँ तथाकथित सभ्य, सुशिक्षित, प्रतिष्ठित, सुरक्षित और अपनी ही छोटी-सी दुनिया में खोये-सिमटे हजारों-हजारों लोगों को समाज की जीवन की ऐसी सचाइयों से साक्षात्कार कराती हैं जिसके सामने छोटी-छोटी महत्वाकांक्षाएँ, स्वार्थ और प्रतिष्ठा, सत्ता और पैसे के सीमित दायरे, अपनी समस्याओं और दुखों पर कुढ़ने रोने-धोने की संकुचित मनोवृत्तियाँ, 'लिमिटेड मानवना' का लबादा ओढ़े जीने का दंभ और संवेदनाशून्य निष्क्रिय तटस्थता एक झटके में विगलित हो जाती है और अपने भीतर नसीमा, नजूबाई को तलाशने की आत्मान्वेषण की प्रक्रिया शुरू हो जाती है।

पढ़ने के क्रम में यह पुस्तक रामवृक्ष बेनीपुरी की 'माटी की सूरतें', महादेवी वर्मा की 'अतीत के चलचित्र' और 'स्मृति की रेखाएँ' तथा व्यंकटेश मांडगूळकर की 'माणदेशी माणसं' जैसी पुस्तकों की याद दिलाती है।

पुस्तक में वर्णित चरित्रों के साथ यदा-कदा, प्रत्यक्ष-अप्रत्यक्ष रूप में हम लेखिका से भी मिलते हैं। लेखिका के अपने प्रश्न परिवेश की सही पकड़, जीवनविषयक सूझ-बूझ, सामाजिक बोध, बहु पठनीयता, व्यक्तित्व में रचा-पचा साहित्य, सह-अनुभूति, संवेदनशीलता और भावुकता चरित्रों को उभारने में महत्त्वपूर्ण भूमिका निभाती है।

रेखाचित्र, संस्मरण, इंटरव्यू तथा कुछ-कुछ 'कथारत्न' को अपने में समेटे ये रचनाएँ लेखिका की सर्जनशील प्रतिभा की साक्षी हैं। रेखाचित्र-संस्मरण की व्यक्ति चित्रण की जीवंतता, इन्टरव्यू की साझेदारी ओर प्रामाणिकता, कथारत्न की रोचकता और तफसीलों की बारीकियों को शबूमूर्त करती वर्णन कुशलता के कारण ये चरित्र और उनकी कथा-व्यथा परिपूर्ण व्यापक सामाजिक सांस्कृतिक और भौगोलिक फलक पर उभरकर साक्षात ज़िन्दा हो उठती है। तथ्य को अनुभूत सत्य में और घटना-प्रसंग तथा स्थितियों की भौतिक स्थूलता को तरल संवेद्यता में रूपांतरित करने की सर्जक प्रतिभा और उसके अनुकूल जीवंत भाषा लेखिका की बेजोड क्षमता का एहसास दिलाती है। शब्दचयन और भाषा की गठन ऐसी कि लगता है ये कोरे शब्द कहाँ—ये तो साक्षात भाव और भावभीने विचार हैं जो सीधे पाठक के दिल-दिमाग से भिड़ जाते हैं, मानस को बेंधते हैं—पर्याय और विकल्प की कोई गुंजाईश ही नहीं रहती। शैली में यथास्थान प्रयुक्त विवरण, विवेचन, भाष्य और वार्तालाप के बावजूद लेखिका की 'अभिभूतता' कलात्मकता तटस्थता पर हावी होती नजर आती है। संवेदनशील भावुक पाठक उसमें आकंठ डूब जाता है और भावुक पाठक संवेदना के साथ श्लील-अश्लील, नैतिक-अनैतिक, भद्र-अभद्र जैसे द्वन्द्वों और विद्रोह की आग और परिवर्तनकारी दीपक की लौ, व्यक्तिगत जीवन की सफलता ओर सार्वजनिक-संस्थात्मक कार्य की चुनौतियाँ, सामाजिकता और व्यक्तिगत उच्चाकांक्षा, अबाध-आकुंठ जीवनेच्छा और सामाजिक रीति-रूढी-नीति का बन्धन इस परस्पर विरोधी मूल्यों और सिद्धान्तों की युगपत सम्भावना और इनकी परिभाषाओं पर पुनर्विचार की प्रश्नाकुलता और बेचैनी से गुजरता है।

जया परांजपे

25 मार्च 2014

दुख तुमको क्या मारेगा तुम दुख को मार दो

रजनी गुप्त

प्रखर समीक्षक व अचूक दृष्टि बोध की धनी शशिकला राय की पुस्तक–ज़िन्दा कहानियाँ से गुजरते हुए ऐसी बेमिसाल ज़िन्दगियों की जीते जागते दस्तावेज पढ़ने को मिले जिन्हें पढ़कर हमारी जीवितेष्णा संवर्धित होती है। क्रूर हालातों व परिस्थितियों के दुष्चक्र से जूझती इन अपराजेय स्त्रियों की जीवटता के इतने रंग इस पुस्तक में बिखरे हुए हैं जिनकी दारूण व्यथा कथाएँ व त्रासदियाँ पढ़कर हमारे भीतर उनसे जूझते हुए व्यापक सरोकारों से जुड़ने की प्रेरणा मिलती हैं। इनकी मार्मिक सच्ची व्यथा कथाएँ इस निर्मम व्यवस्था के आडम्बरों व पाखंडों की कलई खोलते हुए समूची पारिवारिक या सामाजिक व्यवस्था पर प्रश्नचिन्ह खड़े करती हैं। समाज या परिवार द्वारा बेरहमी से हाशिए पर फेंके गये जीने की बुनियादी जरूरतों से वंचित व मरणांतक दुख झेलने को अभिशप्त इन पात्रों के जीवन के सारे रंग उड़े हुए हैं मगर विध्वंसक हालातों के सामने घुटने न टेकने को अडिग ये मजबूत आत्मबल से लैस महिलाएँ मानवीयता के मूल्यों की लाठी थाम न जाने कितनों की ज़िन्दगियों में रोशनी बिखेरने के निस्वार्थ अभियान में जुटी हुई हैं। ज़िन्दगी की गलीज हकीकतों से मुठभेड़ करती इन विपन्न दलित व आदिवासी औरतें फटेहाल जीवन स्थितियों में भी जीने की लौ जलाने के जतन में तन मन धन से जुटी हैं। सामाजिक पाखंडों व धार्मिक अन्धविश्वास की आड़ में चल रहे दुराचार पर पैने सवाल उठाते हुए शशिकला ने देवादासी प्रथा की हकीकत को

पूरे साहस से उजागर किया है। परेशानहाल औरतें तमाम हादसों की शिकार हैं मगर विषम व दुष्कर व असहनीय यातनाओं को बेबाकी से खोलती इन सच्ची कहानियों में से कभी किन्नरों के अंतस्थल से वेदना फूट पड़ती हैं तो कभी मैं श्मशाम से बोल रही हूँ की गुरुमाई की अकथ यन्त्रणा व बेबसी के असंख्य जीते जागते चित्र पढ़ते हुए पाठकों का बेचैन मन बार-बार विचलित हो सकता है मगर न जाने ऐसी कौन सी अंदरूनी शक्ति है जिसके बल पर वे असहनीय हालातों में भी अपने जीने लायक आत्मबल जुटाकर समाज को नई दिशा देने की मुहिम छेड़ने निकल पड़ती हैं। कहे अनकहे निषेधों व वर्जनाओं के बीच साँसें बटोरने की जेद्दाजेहद करती आदिवासी औरतें नजुबाई दुख व मौत से भिड़ते हुए कर्म की मशाल जलाते हुए सारे जहाँ में रोशनी फैलाने के मकसद से ज़िन्दा रहने को सार्थक दिशा देने में सक्षम हुई हैं। पूर्व पति की लात खाते खाते बेहोश हो जाती फिर जंगल में ढोर चराती यानी कीड़े मकोड़े खाती जानवरों से भी बदतर जीवन जीती आज वह जंगल जीवन व स्त्री मुक्ति दूत बन खड़ी हैं। वह लड़ती है मिट्टी बनकर मिट्टी के लिए। वह महकती है दूर दूर तक।

ऐसी स्त्रियों के नाम या रूपरंग व आकार प्रकार कितने ही जुदा जुदा क्यों न हों मगर इनकी आत्मा की अन्दरूनी तहों तक गहरे पैठ बनाए वेदना की अँधी अँधेरी गुफाएँ इनके आगे बढ़ने का रास्ता नही रोक पाती। जहाँ रोशनी का जाना नामुमकिन सा जान पड़ता है वहाँ वे खुद आगे बढ़कर उस जलती मशाल का सिरा थाम लेती है। दुर्गम मार्ग पर अकेले अपने बलबूते चलती इन औरतों ने अपनों से दुनियां भर का अपमान अवहेलना व बहिष्कार झेला है फिर भी वे इस अँधेरे समय व समाज को राशन करने हेतु अपनी हथेली पर मनुष्यता का दीया जलाने का जोखिम उठाने का साहस दर्शाती है। कभी वे देवदासी प्रथा का विरोध करने का संकल्प लेकर खुद की बिखरी शक्तियों का संचय करके

इस राक्षसी प्रथा के खिलाफ तनकर खड़ी हो जातीं तो कभी क्यों धुआँ उठा चिराग से कहानी में एक पैना सवाल उठाती हैं। शशि लिखती हैं

यह मानव समाज का डार्करूम है। यहाँ तस्वीर का निगेटिव रूप मौजूद है। धुला निखरा साफ स्पष्ट रूप आप सब। अपनी ही तस्वीर का निगेटिव रूप हमें कितना कुरूप लगता है।

हर कहानी का अतलस्पर्शी दर्द परत दर परत रिसता है हर व्यथा के पीछे असंख्य व्यथाएँ। स्त्री को महज मादा समझे जाने की गहरी पीड़ा जो फफोलेनुमा आत्मा से बूँद-बूँद टपकता है। दर्द इतना कि उसकी त्रासदी मरने के डर से आत्महत्या की तरफ कदम बढ़ाती वेश्या की भूमिका पर तीक्ष्ण सवाल मन को विचलित कर देता है। परेशानहाल स्त्री धीरे-धीरे इन हादसों को झेलते-झेलते जब अपने अनुभव की परतें खोलती हैं तो कभी किन्नरों की वेदना मुखरित होती है तो कभी अतीत की गठरी लादे कुसुम जैसी स्त्री का चेहरा जेहन से विस्मृत नही होता। ऐसे तकलीफ भरे अंधे अवसरवादी समय पर तीक्ष्णता से सवाल उठाती लेखिका मानवीय मूल्यों की पुरजोर वकालत करते हुए इस सामाजिक व कानूनी संरचना पर पूरी ताकत से प्रहार करने से कतई नही चूकती। उनकी अचूक दृष्टि समस्या की अन्दरूनी जड़ों तक जाती हैं फिर वे सधी हुई भावावेगमयी भाषा में मुकम्मल प्रहार करते हुए सच कहने से गुरेज नही करतीं। हर कहानी के पीछे की ठोस जमीन पर खड़े होकर वे हकीकत की तहकीकात करते हुए मानवीयता के पक्ष को उठाती हैं। सच तो ये है कि लेखिका स्त्री जाति की त्रासदी को जाति वर्गभेद या लिंग के तंग घेरे से बाहर निकाल एक समान मनुष्यता से रची खूबसूरत दुनियां को रचना चाहती हैं जहाँ तेरी मेरी की दीवारें न हों। एक समरस व बड़े सरोकारों वाली दुनियां की संकल्पना कितनी खूबसूरत है मगर अभी भी हकीकत से कोसों दूर।

प्रखर तेजस्विता की धनी शशि की साहसिक नजर से कुछ भी छिपा नही रहता सो वे बाहरी यथार्थ की अतल गहराइयों तक घुसपैठ करने का जोखम उठाते हुए स्त्री के अंदरूनी अलक्षित दर्द को संवेदनशील भाषा के जरिए पैनेपन से पकड़ने में सफल हुईं हैं और यहीं इन कहानियों की ताकत भी है जो पठनीयता को संवर्धित करते हुए पाठकों को उन अँधेरे पक्षों से साक्षात्कार कराती हैं जहाँ एक स्त्री को किस कदर महज मादा समझकर मनुष्य तक नही समझा जाता। ऐसी विरल व ओट में रह गयी सच्चाईयों को उजागर करते हुए अपनी राह खुद बनाकर अपनी कर्मठता के जरिए खुद मिसाल बनती इन बेमिसाल औरतों के जीते जागते किस्से लिखने वाली लेखिका के दुर्धर्ष जज्बे को सलाम जिसने स्त्री के पहाड़नुमा बोझिल जीवन की कठोरता काटते हुए न जाने कब से रोशनी को तरसते रास्तों को अपने हाथों में मशाल लेकर रोशन करती औरतों की सच्ची कहानियाँ लिखी हैं जिन्हें पढ़ते हए हमारे मन में भी कुछ लीक से हटकर अलग करने की प्रेरणा को बल मिलता हैं। जीने की ताकत बख्सती व आत्मबल का शंखनाद करती ऐसी पठनीय व उत्पेरित करती विरल कृतियो का तहेदिल से स्वागत।

(कथाक्रम)

अनामिका–ज़िन्दा कहानियाँ (खण्ड एक) की भूमिका से

जहाँ तक मेरी समझ में आता है– दो तरह के प्रकाश वृत्त हाते हैं एक, सड़क के लैम्प-पोस्ट का प्रकाश वृत्त और दूसरा, ढिबरी-लालटेन का! इसी तरह स्वाधीनता भी दो तरह की होती है– एक सहज उपलब्ध और दूसरी वो जिसमें बार-बार सीली माचिस जलाने का संघर्ष, बत्ती पूरने की दीर्घसूत्रता, ढेर-ढेर धुआँ शामिल हों! मर्दों की, खासकर सवर्ण और सम्पन्न, गोरे मर्दों की स्वाधीनता एक दन्त प्रमेय है– किसी आँधी का डर नहीं उसे– उपनिवेशवाद, नवउपनिवेशवाद, आतंकवाद, फासीवाद और युद्धादि स्थितियाँ यदि थोड़ी देर के लिए बत्ती गुल कर भी दें तो फ्यूज फिर जुड़ जाता है! मगर औरतों की, विशेषकार विपन्न और वंचित, दलित, आदिवासी, अश्वेत स्त्रियों की स्वतन्त्रता ढिबरी फुँकनी, चूल्हा फुँकनी किस्म की स्वाधीनता है जहाँ लगातार फूँक मार-मारकर नन्ही-सी ज्वाला जला, रखनी होती है।

फ्रांसीसी क्रान्ति ने प्रजातन्त्र के तीन अधिसूचकों में स्वाधीनता और समानता के सिवा जिस 'भाईचारे' का रेखांकन किया था, स्त्रीवाद ने उसका अधिविस्तार वर्ग-वर्ण-नस्ल-धर्मादि संकीर्ण घेरो के पार जाते बहनापे के रूप में किया। शशिकाला राय की ज़िन्दा कहानियाँ इस बात का भास्वर प्रमाण हैं कि मीराँ की प्रेम-बेल की तरह (कँटीली चारदीवारियों के पार) इस बहनापे की बेल भी (लोगों के चाहते-न चाहते) इस तरह फैल गयी कि अब उसमें आनन्दफल

(जोसुआ?) आने ही हैं! विस्मयादिबोधक, समुच्चयबोधक स्पन्दनों पर थिरकती हुई सी शशिकला की आवेगमयी, उच्छल भाषा इस जोसुआ इस आनन्दातिरेक का साक्ष्य वहन करती है। जो लम्बे सन्धान के बाद जीवन की केन्द्रीय विडम्बना से जूझने का यह सूत्र पाने पर मिलती है कि अपनी तकलीफों से निजात पाना हो तो औरों की तकलीफें दूर करने में जुट जाओ। मनोबल बढ़ाने वाली बातें कहना, प्रेरक कहानियों की मशाल यात्रा-सी आयोजित करना इसी महद् संकल्प का हिस्सा हैं जिसमें रजनी गुप्त, अनीता भारती, नीलम कुलश्रेष्ठ, हेमलता, गरिमा श्रीवास्तव, सुनीता सृष्टि, कंचन शर्मा, शरद सिंह और शशिकला राय जैसे युवा स्त्री-स्वर पूरी गरिमा और जिजीविषा के साथ जुटे हैं।

प्राचार्य डॉ. श्रीपाल सबनीस **(मराठी के साहित्यकार)**

गणराज 'ब' अपार्टमेन्ट, फ्लॅट नं. १, पाचवा मजला, ५५१, नारायण पेठ,
पोलीस चौकी समोर, पुणे – ३०. मो.: ९४२२३६९५२० फोन : २४४५५६७४

दिनांक : 23|6|93

(संदर्भ - उत्तम कांबळे)

आदरणीय
शशीताईजी,

सस्नेह प्रणाम।
आपकी 'जिन्दा कहानियाँ' किताब पढ़ी।
मैं प्रभावित हूँ। महिलाओंकी दर्दभरी
दास्तान आपने चुनकर समर्थ
शब्दोंमें अभिव्यक्त की है।
विशेषतः यह किताब निराशाका
शिकार ख़ारिज करनेहेतु
आशावादकी बुनियाद उपलब्ध करती
है। मेरा अभिप्राय चन्द शब्दोंमें
इसके साथ भेज रहा हूँ। मेरी
हिन्दी अच्छी नहीं है। फिरभी लगनके
नाते आप समझनेकी कोशिश
करें।

आपका भाई
श्रीपाल सबनीस

दुःख मुक्त मानवता की दिशा में
शशिकलाबाई रायकी जिन्दा कहानियाँ।

डॉ. श्रीपाल सबनीस (पुणे)
मो. 9422369520

समाज के सामने आदर्श महिलाओंकी मिसाल रखनेका योगदान शशिकलाबाईने जिन्दा कहानियाँ इस अमूल्य ग्रंथमे किया है। सब कहानियाँ जिन्दा महिलाओंकी है। लेकिन यह सभी महिलाएँ सामान्य स्तरसे लेकर जिन्दगीका संघर्ष पर्व निभाते हुए खडी है। एक कहानी मुसीबतोंके हजार पहाड लेकर अभिव्यक्त होती है। खास तौरपे स्त्रीका अपमान, स्त्रीपर अत्याचार, स्त्रीकी निंदा, स्त्री की शोकान्तिका इस 12 जिन्दा महिलोंकी कहानियोंका सारांश है। अर्थात सभी महिलाओंने संकटपर मात दी हुए निर्भयतासे अपना संघर्ष निभाया है और स्वाभिमानसे संघर्षशील महिला आत्मगौरवकी जिन्दगी जी सकती है, इस सच्चाईका प्रत्यय भी इन्ही कहानीयोंने दिया है।

शशिकला रायकी इस कहानी नायिकाओंसे ईश्वरसे नाता दिखाई देता है, हर एक नायिका की

(2)

ज़िन्दगी शशिकलाताईने पूरी ताकद के साथ और सभी परिमाणोंके साथ समझ ली है। नाईकी जीवनशैली जिम्मेदारी और 'द्वन्द्व' सामने खड़े करनेकी सामर्थ्यसे ओतप्रोत है।

सिंधुताई, रुक्मी, नसीमा, राजश्री नजुबाई इ. सभी किरदार और नायिकाओंका सही सही वर्णन तो शशिकलाताई करतीही है, लेकिन इन बहादुर महिलाओंके जिन्दगीका मकसद भी बहुत समर्थ शब्दोंमे आविष्कृत करती है। सभी नायिका अलग अलग परिस्थितीयें प्रतिनिधित्व करतेहुए अपनी अपनी कहानी शशिकलाताई के सामने रखती है। अर्थात इसका असली श्रेय ~~क~~ शशिकलाताईकोही जाता है। क्योंकी किसीभी दुःखभरी जिंदगी कोई नायिका और किसी पराए नायिकाके सामने कैसे खुले करेगी? लेकिन शशिकलाताईका रिश्ता भावनाके स्तर पर हरएक नायिका के साथ जुड़ा है। इन सभी महानायिकाओंने शशिकलाताईको 'पराया' समझाही ~~नहीं~~ नहीं। मुलाकातमे ~~उ~~ उनकी जिंदगीकी परतोंको फिरसे इस पुस्तकके रूपमे इन महिलाओंने उजागर कर दी। उनको शशिकलाताई की कलम के साथ ~~साथ~~ दिमाग और दिलपर भी विश्वास हुआ।

(3)

दुःख-दर्द समझने के लिए भी संवेदनशीलता
मानव और मानवीय मूल्योंकी समझ होने की
जरूरत होती है यह बात शशिकला राई के कथा
और दिल में होनेवाली हलचलही इस भूमिकाकी
विशेषता है। भूमिका
यह आम महिला जगतका

आत्मविश्वास बढ़ाकर खिलनेकी प्रतिबद्ध
प्रतिबिंबित करती है। कथाकी शशिकला राईका
विवेचन - विश्लेषण अंततः निराशा
के बजाय आशावादी संदेश देता है समाज
और संस्कृति पुरुष पक्षपातकी शिरोमणी रहकर
करते हुए महिलाओंपर अन्याय
अत्याचार करती है। के नामपर
सदियोंसे चलते आनेवाली पुरुषप्रधान
कुरूपता संस्कृति के नामपर महिला जगतकी
शोषणव्यवस्था बनी। जात-धर्मव्यवस्था भी
शोषक रही। राजश्री कोबे
की कोलशोटी समाज और आदिवासी नगुबाई
जानी - इस वास्तविकताको प्रतिबिंबित
करती है। आर्थिक व्यवस्था, धार्मिक व्यवस्था और
राजनीति के साथ सांस्कृतिक व्यवस्था के अंतरंग
शशिकला राईने बड़ी सूक्ष्म रूपसे समझने की
प्रयास किया है। खास तौर पे महाराष्ट्रीय
जात-धर्म वास्तवता को राईने शब्दित अभिव्यक्त किया है

इसके अलावा उन्हे नसीमा हुरजुक, रजनी कोले, नजूबाई, सुगंधा इ. औरतोंका दुःखदर्द नहीं समझ पाया।

~~महाराष्ट्रके~~ महाराष्ट्रकी मिट्टी और उसका सांस्कृतिक गंध शशिकलाताई को कितना लुभाता है, इसकी साक्षी यह किताब है। कबूल है शशिकला ताई औरत होने के नाते इन नायिकाओंकी जिन्दा कहानियां सही सही ढंगसे समझ पायी। उन्हे अपना सकी। फिर भी महाराष्ट्रके 8-10 विश्वविद्यालयोमे और महाविद्यालयोके रूप मे औरतें अध्यापककी कमी नहीं है। उनकी नजर क्योंकि इन महानायिकाओंकी तरफ क्यों नहीं गयी?

शशिकला ताईकी भूमिका स्थापित शोषक वर्गोंके खिलाफ आवाज बुलंद करनेवाली क्रांतिकारी, विद्रोही भूमिका है। इस विद्रोहका जिक्र स्पष्ट रूपसे इस किताबमे कहींभी नहीं मिलेगा लेकिन जिस शैली मे यह महानायिकाओंकी जिन्दा कहानियां लिखी गयी, उसके विश्लेषणमें यह पैगाम विद्रोहकी लकीर जरूर महसूस होती है। नायिका माया कामथे, कसगांवकी सही सही साकारती है। यह गौरव का मुद्दा जरूर है, लेकिन नायिका विश्लेषणमें समाजशास्त्रीय तर्कशुद्ध विचार सूत्रोंकी बरसात करती रूप

(५)

ज़िन्दा कहानियों का चित्रण मानवी रिश्तों और समाज मान्यताओं के सामने प्रश्नचिह्न खड़ा करना है। यह कहानियाँ मृत नहीं है, इसलिए उनका प्रभाव सर्वदूर होता गया है। काल्पनिक कहानियों और उपन्यासों की भरमार सभी भाषाओं में चलती आ रही है। लेकिन सच्चाई की अभिव्यक्ति पर खड़ी ज़िन्दा कहानी सबसे अधिक परिणाम कारक होती है, क्योंकि उसमें सच्चाई का मूल्य होता है, और सत्य का मूल्य साहित्य विश्व का केन्द्र है। कहानी-चित्रपट लेखक प्रारंभ में उनकी कहानी काल्पनिक रचना की विश्वास होते हैं। और व्यक्तिदर्शन और नाम की साम्यता 'योगायोग' मानने की गलती होते हैं क्योंकि किसी ज़िंदगी उजागर होना-करना समाज-परिस्थिति के परिप्रेक्ष्य में सही नहीं माना जाता।

इस किताब में 12 महिलाओं की निजी ज़िंदगी असली संदर्भ होते हुए-कुछ भी न छिपाते हुए शशिकला नाईक ने संकलित की है। यह 12 कहानियाँ सभी महिलाओं की सामाजिक कहानियाँ हैं और उस नैयत को कहानी के साथ शशिकला नाईक की कलम एकरूप हुई लगती है इसी कारण हर कहानी दिल तक पहुँचती। कल्पना की नज़र थोड़ा भी अंश उसमें नहीं है।

इसके अलावा उन्हें नीरमा कुमरक, रामश्री काले, लक्ष्मीबाई, सुशीला इ. महिलाओं का दुःख दर्द नहीं समझ पाया।

महाराष्ट्र की मिट्टी और उसका सांस्कृतिक गंध शशिकलाताई को कितना लुभाता है, इसकी साक्षी यह किताब है। कहते हैं शशिकला ताई महिला होने के नाते इन महिलाओं की जिन्दा कहानियाँ सही सही ढंग से समझ पाई। उन्हें अपना सकी। फिर भी महाराष्ट्र के 8-10 विश्वविद्यालयों में और महाविद्यालयों के हिंदी में महिला साहित्यिकों कमी नहीं है। उनकी नजर इस महानायिकाओं की तरफ क्यों नहीं गयी?

शशिकला ताईकी भूमिका स्त्रीवादी शोषक व्यवस्थाओं के खिलाफ आवाज बुलंद करनेवाली क्रांतिकारी, विद्रोही भूमिका है। इस विद्रोह का जिक्र स्वतंत्र रूप से इस किताबमें कहीं भी नहीं मिलता लेकिन जिस शैली में यह महानायिकाओं की जिन्दा कहानियाँ लिखी गयी, उसके विश्लेषणमें यह प्रमाण विद्रोह का स्वीकार जरूर महसूस होता है। ताईकी भाषा अलंकारिक, प्रासंगिक सही सही साकारती है। यह गौरव का मुद्दा जरूर है, लेकिन ताईका विश्लेषण समाजशास्त्रीय तर्कशुद्ध विचार सूत्रों की बरसात करती है।

(५)

ज़िन्दा कहानियों का चित्रण मानवी रिश्तों और समाज मान्यताओं के सामने प्रश्नचिह्न खड़ा करना है। यह कहानियाँ मृत नहीं हैं, इसलिए उनका प्रभाव सर्वदूर होता गया है। काल्पनिक कहानियों और उपन्यासों की भरमार सभी भाषा में चलती आ रही है। लेकिन सच्चाई की अभिव्यक्ति पर खड़ी ज़िन्दा कहानी सबसे अधिक परिणाम कारक होती है, क्योंकि उसमें सच्चाई का मूल्य होता है, और सत्य का मूल्य साहित्य विश्व का केन्द्र है। कहानी-चित्रपट लेखक प्रारंभ में उनकी कहानी काल्पनिक रचना की विश्वास होते हैं और आत्मप्रदर्शन और नाम की लालसा 'योगायोग' मानने की चालाकी होते हैं क्योंकि निजी ज़िंदगी उजागर होना-करना समाज-संस्कृति के परिप्रेक्ष्य में सही नहीं माना जाता।

इस किताब में 12 महिलाओं की निजी ज़िंदगी असली संदर्भ देते हुए - कुछ भी न छिपाते हुए शशिकला नाईक ने संकलित की है। यह 12 कहानियाँ सभी महिलाओं की मानविक कहानियाँ हैं और उस नैसर्गिक कहानी के साथ शशिकला नाईक की कलम एकरूप हो गई है इसी कारण हर कहानी दिल को पोहचती। कल्पना हो या नाटकीय झूठा अंश उसमें नहीं है।

हर जिंदगी शान शौकत और सुख समाधान की तरफ देखती है उसी तरह की खालिस देखती है। शशिकला ताईने किसी प्रतिष्ठित नहीं या किसी सेलिब्रेटी राजनीति महिलाओं की कहानी को नहीं अपनाया। उन्होंने दलदल से उभरी हुई बहादुर महिलाओं को चुना। यह विधान: बहुत कम लेखिकाओं होती है। लेकिन शशिकला ताई की अंदर की आवाज उन्हें दुःखभरी दास्तानों के पीछे खड़ी कर देती है इसका साफ मतलब यही है, की ताई मानव जीवन में वेदना की अहमियत को जानती है, और उसको मिटाने का हौसला भी निभाती है। वेदना के अनेक रूप होते है, उनकी अवस्थाएँ भी अनेक होती है। लेकिन हर दर्द-रूप से भारत के साथ जुड़े मानवता सुख करना यही दलित-शिक्षा और कल्याण का मकसद होता है। हर लेखक की अनुभव सब उत्तरदायित्वों से जुड़ा है। एक शिक्षित भारत, आदिवासी और लेखिका के नाते शशिकला ताईने उनका साहित्यिक कर्तव्य बखूबी निभाया है। इसलिए एक भाई के नाते मैं उनका अभिनंदन करते हुए शुभकामनाओं को समर्पित करता हूँ।

RISHI S. JENA

Vicitor Cordeo, G-48, Opp. Fresco Bakery
Juhu Church Road, Juhu, Mumbai-49
Ph.: 022-26701511, Mo.: 9820434439
E-mail: rishijena@gmail.com

आदरणीय

नमस्कार

अनजान अपरिचित का पत्र अन्यथा ना लें

नाम है ऋषि एस. जेना। फिल्मों से बतौर निर्देशक जुड़ा साहित्य का पाठक

आपको पत्र लिखने का कारण था—

"हँस" में प्रकाशित "जीवन के जंगल में नजूबाई"

मैं इस पर फिल्म बनाना चाहता हूँ।

क्या मुझे उनपर और सामग्री प्राप्त हो सकती है?

आपके कृपापूर्ण उत्तर की प्रतीक्षा में

मैं

Speed Run-

□□